Einleitung und Inhalt

Für viele Menschen ist das Fleischessen etwas Selbstverständliches, worüber man sich kaum Gedanken macht. Wer aber einmal innehält und seine Ernährungsgewohnheiten hinterfragt, erkennt sehr bald, daß es für die Menschen unseres Kulturkreises eigentlich keinen stichhaltigen Grund für den Konsum von Fleisch gibt, sondern daß im Gegenteil viele Probleme und Nachteile damit verbunden sind.

In der vorliegenden Broschüre finden Sie eine Auswahl der wichtigsten Argumente für eine *lakto-vegetarische Ernährung*, das heißt für eine vegetarische Ernährung (inklusive Milchprodukte) ohne Fleisch, Fisch und Eier. Darüber hinaus werden am Schluß der Broschüre auch einige weiterführende philosophische Gedanken erörtert.

Die Vielzahl dieser Themen läßt sich in folgende sechs Kategorien unterteilen, denen jeweils ein Kapitel gewidmet wird:

1. Gesundheitliche Aspekte

Fördert Fleischessen gewisse Krankheiten? Kann umgekehrt eine rein vegetarische Ernährung die Gesundheit verbessern oder wiederherstellen? Kann sie bestimmten Krankheiten vorbeugen oder sie verhüten?

Vegetarier bejahen diese Fragen aus praktischer Erfahrung bereits seit Jahrzehnten, obwohl die moderne Wissenschaft meist keine klare Stellung bezog – zumindest nicht bis vor kurzem. Denn in jüngster Zeit erbringen medizinische Untersuchungen weltweit immer mehr Beweise, daß zwischen Fleischkonsum und verschiedenen Krankheiten – vor allem den sogenannten Zivilisationskrankheiten wie etwa Arteriosklerose, Herz- und Kreislauferkrankungen, Bluthochdruck, Übergewicht, Gicht, Rheuma, Diabetes und Krebs –, eine *direkte Verbindung* besteht.

Diese Krankheiten kommen bei Vegetariern erwiesenermaßen wesentlich seltener vor als bei Fleischessern. So beträgt beispielsweise die Wahrscheinlichkeit eines Herzinfarkt-Todes nach neuesten Forschungsergebnissen bei Vegetariern lediglich 5% des Durchschnittsrisikos! Auch bei Krebserkrankungen liegen die Vegetarier unter 10% der üblichen Rate!

Herzkrankheiten

Schon seit längerem haben Forscher den Verdacht geäußert, daß eine fleischzentrierte Ernährung die Entstehung von Arterienverkalkung und Herzkrankheiten fördert. Bereits im Jahre 1961 schrieb das amerikanische Ärztejournal: «90 bis 97% der Herzkrankheiten könnten durch eine fleischlose Kost vermieden werden.» (*Journal of the American Medical Association,* 176/1961)

Die im Fleisch enthaltenen Eiweiße sind für den menschlichen Körper nicht gänzlich abbaubar (höchstens bis zu 70%; im Gegensatz zu den andersgearteten Eiweißen in Milch und Pflanzen, die für die menschliche Verdauung geeigneter sind). Die nicht abgebauten Fleischeiweiße, ebenso wie die Cholesterin-Fette, werden langsam, aber sicher zum Problem, denn sie lagern sich an den inneren Arterienwänden ab und behindern die Blutzirkulation im Körper, weshalb das Herz bedeutend mehr arbeiten muß, um das Blut durch die engen und verhärteten Blutbahnen zu pumpen und den Körper mit dem notwendigen Sauerstoff zu versorgen. Dies führt zu erhöhtem Blutdruck und wird so zur Ursache von Herzbeschwerden und Herzinfarkten sowie gewissen Alterskrankheiten wie beispielsweise der weitverbreiteten Alzheimer-Krankheit (nach: Fastiggi, *The End of Disease*).

Noch vor hundert Jahren waren in Europa Getreide, Gemüse, Hülsenfrüchte, Kartoffeln, Obst und gelegentlich auch Milchprodukte von Weidekühen die Grundlage der menschlichen Ernährung. In der zweiten Hälfte des 20. Jahrhunderts aber wurden diese zunehmend durch Fleisch, Fisch, Geflügel, Eier und andere eiweiß- und fettreiche, vitalstoffarme Nahrungsmittel sowie durch gekochte oder sterilisierte Milchprodukte ersetzt. So verzehren die Westeuropäer und Amerikaner heute gegenüber dem Jahre 1900 rund 33% mehr Milchprodukte, 50% mehr Rindfleisch, 72% mehr Fisch, 190% mehr Eier und 280% mehr Geflügel. Dies hat verständlicherweise auch erhebliche gesundheitliche Auswirkungen, was sich insbesondere an der drastischen Zunahme der erwähnten Zivilisationskrankheiten zeigt. (nach: Dr. med. Werner Hartinger, Chirurg und Erster Vorsitzender der Vereinigung «Ärzte gegen Tierversuche», 1998).

Während im 20. Jahrhundert immer mehr tierische Produkte in die Ernährung aufgenommen wurden, stiegen die tödlichen Herz-Kreislauferkrankungen und Krebsfälle jährlich um 3–5% und machen heute mehr als zwei Drittel aller Todesursachen des Menschen in den westlichen Ländern aus. Allein in den zehn Jahren zwischen 1975 und 1985 nahmen die Herz-Kreislauffälle in Deutschland um 41% zu, die Tumorbildungen bei Kindern und Erwachsenen um 80%, die Gesamtzahl der Krankenhauseinweisungen um 114% und die Krankheiten um Schwangerschaft, Geburt und Wochenbett um 227% (Information des Bundesverbandes der deutschen Ortskrankenkassen).

Krebs

Darüber hinaus weist die Forschung der letzten dreißig Jahre unverkennbar auf einen direkten Zusammenhang zwischen dem Fleischkonsum und Darm-, Magen- und Brustkrebs hin. So hat beispielsweise das Berliner Institut für Sozialmedizin und Epidemiologie eine wissenschaftliche Vergleichsstudie zwischen Vegetariern und Fleischessern durchgeführt, deren Ergebnisse viel Aufsehen erregte. Ein in der *Neuen Zürcher Zeitung* vom 23.7.1986 erschienener Artikel über diese Studie stellt in bezug auf Anfälligkeit für Tumore und Krebskrankheiten fest: «Der zu 80% durch Fehlernährung bedingte Dickdarmkrebs kommt bei Vegetariern sehr selten vor. ... Weitere positive Befunde bei Vegetariern sind niedrigere Werte beim Kreatin und bei der Harnsäure; Gicht kommt bei Vegetariern nachgewiesenermaßen seltener vor als bei Fleischessern. Dasselbe gilt für Erkrankungen der Niere.»

Und der *Berliner Kurier* berichtete am 21.3.1998: «Geahnt haben wir es schon immer – aber jetzt haben es Wissenschaftler endlich bewiesen: Gesunde Ernährung kann das Risiko, an Krebs zu erkranken, drastisch vermindern. Jeder fünfte Tumor würde bei einer abwechslungsreicheren Kost mit viel Obst, Gemüse und Getreide erst gar nicht entstehen, fanden Wissenschaftler der Weltgesundheitsorganisation WHO heraus. ‹Wird der Gemüseverzehr von 150 Gramm täglich auf 400 Gramm gesteigert, sinkt das Lungenkrebsrisiko um die Hälfte›, sagt die Freiburger Ernährungswissenschaftlerin Gudrun Zürcher.»

Bei der weltweit bislang umfangreichsten Vegetarierstudie mit 11.000 Personen über einen Zeitraum von zwölf Jahren wurde übrigens eindeutig die Behauptung widerlegt, Vegetarier seien nur deshalb gesünder und lebten länger, weil sie allgemein eine besonders bewußte Lebensweise hätten. Durch den Vergleich mit einer Kontrollgruppe, die außer ihrem Fleischkonsum eine weitgehend gleiche Lebensweise und einen gleichen sozialen Status wie die untersuchten Vegetarier hatte, wurde ermittelt, daß praktisch alle Gesundheitsparameter bei den Vegetariern deutlich bessere Werte aufwiesen. Die Sterbefälle aufgrund von schweren Krankheiten waren bei Vegetariern um 20% geringer, die Krebstodesrate sogar um 40%. (veröffentlicht im *British Medical Journal*, Juni 1994)

Weitere repräsentative Wissenschaftsstudien in Deutschland – beispielsweise der Universität Gießen, des Krebsforschungszentrums Heidelberg und des Bundesgesundheitsamtes Berlin –, die in den vergangenen Jahren in enger Zusammenarbeit mit dem Vegetarier-Bund Deutschlands an über 4000 langjährigen Vegetariern durchgeführt wurden, kommen alle übereinstimmend zu den gleichen Schlußfolgerungen:

Vegetarier haben die geringste Krankheitsanfälligkeit, das normalste Körpergewicht, die besten Laborparameter sowie die günstigsten Blutdruckwerte. Ihre Infektanfälligkeit beträgt nicht einmal 20% des Durchschnittswertes, ebenso gering ist die Frequenz der ärztlichen Behandlungsnotwendigkeit. Und entgegen weitverbreiteten Vorurteilen kennen Vegetarier keine Mangelerscheinungen und keinerlei Defizite in bezug auf ihre körperliche Leistungsfähigkeit. Und trotz ihrer bedeutend längeren Lebenserwartung bestehen signifikant weniger Krebserkrankungen; die Überlebenszeiten bei Krebsbefall waren selbst dann deutlich länger, wenn erst *nach* dem Ausbruch der Krankheit auf vegetarische Ernährung umgestellt wurde.

Verdauungsprobleme

Warum nun sind Fleischesser deutlich anfälliger für die genannten körperlichen Krankheiten? Einer der Gründe, den Biologen und Ernährungswissenschaftler immer wieder nennen, besteht darin, daß der menschliche Darm für die Verdauung von Fleisch ungeeignet ist.

Fleischfressende Tiere haben einen kurzen Darmtrakt (zwei- bis viermal die Körperlänge), so daß das rasch faulende, toxische Fleisch den Körper schnell verlassen kann. Da sich pflanzliche Nahrung wesentlich langsamer zersetzt als Fleisch, haben (nicht wiederkäuende) Pflanzenfresser einen Darmtrakt von sechsfacher Körperlänge. Der Darm des erwachsenen Menschen ist rund neun Meter lang, das heißt mehr als das Fünffache der durchschnittlichen Körperlänge. Wenn der Mensch Fleisch ißt, werden die in der Folge entstehenden Toxine (Abfallprodukte der Fäulnisbakterien) zwangsläufig die Nieren überlasten und langfristig Krankheiten wie Gicht, Arthritis, Rheuma, Fettleber, Diabetes und Krebs verursachen.

Hinzu kommt heute noch, daß der Mensch all die chemischen Stoffe, die den Tieren verabreicht werden, mit dem Fleisch mitißt und dadurch seinen Magen-Darmtrakt erheblich belastet. Dieser zusätzliche gesundheitsgefährdende Aspekt des Fleischessens wird im 2. Kapitel näher beschrieben.

Die Eiweißfrage

Muß der Mensch aber nicht Fleisch und Eier essen, um sich mit genügend Protein (Eiweiß) zu versorgen? Dies ist eines der Hauptargumente, die von den Fleischessern immer wieder gegen den Vegetarismus vorgebracht werden. Doch die Antwort lautet klar: nein. Der Mensch kann nach den neuesten wissenschaftlichen Untersuchungen sehr wohl ohne tierisches Eiweiß gesund leben, und für einen Vegetarier, der auch Milchprodukte zu sich nimmt, besteht ohnehin keine Gefahr von Proteinmangel.

Alle Eiweiße, gleich ob tierischen oder pflanzlichen Ursprungs, setzen sich aus etwas mehr als zwanzig verschiedenen Aminosäuren zusammen. Acht davon kann der menschliche Organismus nicht selbst herstellen; sie müssen also mit der Nahrung zugeführt werden. Diese acht «essentiellen» Aminosäuren sind allesamt in verschiedenen Pflanzen sowie auch in der Milch enthalten. Der Mensch braucht folglich kein Fleisch zu essen, um sich mit allen lebensnotwendigen Proteinen zu versorgen. Im Gegenteil: Ein Verzicht auf Fleisch kann dem Proteinhaushalt nur gut tun.

Die offizielle Empfehlung für den täglichen Eiweißkonsum ist in den letzten vierzig Jahren von 150 Gramm auf maximal 30 Gramm gesunken. Weshalb? Weil zuverlässige weltweite Forschungen bewiesen haben, daß wir gar nicht so viel Protein brauchen, wie früher angenommen wurde! Die hohen Zahlen wurden vor einigen Jahrzehnten aufgrund des Einflusses der Fleischindustrie in Umlauf gesetzt – aber nicht etwa der Gesundheit des Menschen, sondern der Steigerung des eigenen Profites zuliebe. Der eigentliche Tagesbedarf liegt bei 25–30 Gramm. Zusätzlich konsumiertes Eiweiß bedeutet nicht nur Verschwendung, sondern kann auch gefährliche Schäden im Körper anrichten.

Der namhafte Facharzt Prof. Dr. med. Lothar Wendt hat nachgewiesen, daß sich überschüssiges tierisches Eiweiß in den Blutgefäßen und im Zwischenzell-Bindegewebe ablagert und so die Versorgung der Organe, Muskeln, Knochen, Gelenke und Haut mit Vitalstoffen verhindert. Ein übermäßiger Konsum von tierischem Eiweiß kann somit die Ursache für Bluthochdruck, Herzinfarkt, Schlaganfall, Arteriosklerose, Gicht, Polyarthritis und Rheuma sein. Das tierische Eiweiß wird auch mit der starken Zunahme von Allergien und Hautkrankheiten wie zum Beispiel Neurodermitis in Verbindung gebracht. (aus: *Gesund werden durch den Abbau von Eiweißüberschüssen,* 1991)

Um die täglich notwendigen 30 Gramm Protein zu uns zu nehmen, brauchen wir also kein Fleisch zu essen; es ist leicht möglich und sogar viel gesünder, sie aus rein vegetarischer Nahrung in Form von Getreide, Hülsenfrüchten, Nüssen und Milchprodukten zu beziehen. Dies bestätigte auch die Direktion des Gesundheitswesens des Kantons Zürich in ihrem offiziellen *Gesundheitsplaner* 1990: «Es geht auch ohne Fleisch: Es gibt viele Kombinationen pflanzlicher Lebensmittel, deren Eiweißgemisch mindestens so hochwertig ist wie tierisches Eiweiß.»

Daß der Mensch gar nicht so viel Protein braucht, wird außerdem durch die folgende Tatsache belegt: Als Säugling benötigt der Mensch die höchste Proteinkonzentration in der Nahrung, da innerhalb weniger Monate das Körpergewicht verdoppelt werden muß.

Die natürliche Nahrung des Säuglings aber ist die Muttermilch, die 2,8% Protein enthält. Der Erwachsene benötigt also bestimmt nicht mehr als 2,8% Proteinanteile in der Nahrung, was wiederum für die vegetarische Ernährung spricht. (Gemüse und Früchte haben 1,5–2%, Milch 4%, Getreide 5–10% und Fleisch hat 15–25% Proteinanteile, die dazu noch, wie bereits erwähnt, nicht gänzlich abbaubar sind.)

Die Frage lautet also nicht: Woher bekommen die Vegetarier ihr Eiweiß? Wirklich angebracht ist vielmehr die Frage: Wie werden die Fleischesser all ihre schädlichen Eiweißüberschüsse los?

Dasselbe gilt auch für andere wichtige Stoffe, beispielsweise Eisen oder Kalzium. In ihrer Ausgabe vom 12.2.1987 schreibt *Die Weltwoche*, Zürich: «Aus Deutschland kommt für die Vegetarier frohe Kunde. ... Eine fünf Jahre dauernde Studie hat Erfreuliches zu Tage gefördert. Ausgerottet ist der Aberglaube, daß, wer kein Fleisch ißt, an Eisenmangel leidet. Die Studie hat bewiesen, daß Körper, die weniger Eisen bekommen (und Fleisch liefert 30 Prozent unseres Nahrungseisens), einfach mehr Eisen aus der verabreichten Nahrung lösen. Ähnlich ist es mit dem Kalzium.»

Deshalb folgert die *Neue Zürcher Zeitung* im bereits erwähnten Artikel über die Berliner Vegetarier-Studie: «Es wurde oft gesagt und publiziert, daß vegetarische Kost zwangsmäßig eine Mangelernährung verursacht. Diese Behauptung erwies sich nun als unrichtig. Heute sieht man ein, daß die Vegetarier von Naturwissenschaftlern und Medizinern *auf Grund bloßer Vorurteile* während langer Zeit nicht ernstgenommen wurden.»

Warum keine Eier?

Man unterscheidet zwischen drei Arten von Vegetariern:

(1) Die *Veganer*, die sich ausschließlich von pflanzlichen Produkten ernähren und Fleisch, Fisch, Eier und Milchprodukte vollständig weglassen.
(2) Die *Lakto-Vegetarier*, die ebenfalls kein Fleisch, keinen Fisch und keine Eier essen, wohl aber Milchprodukte.
(3) Die *Ovo-Lakto-Vegetarier*, die neben Milchprodukten auch Eier zu sich nehmen.

Die Verfasser dieser Broschüre gehören zur mittleren Gruppe, den Lakto-Vegetariern. Was sind ihre Gründe, auf den Konsum von Eiern zu verzichten?

Eier sind ganz allgemein nicht gesund für den menschlichen Körper, denn als «flüssiges Fleisch» verfaulen sie im langen Darmtrakt des Menschen noch schneller als Fleisch. Zusätzlich zu den so entstehenden Bakterien und toxischen Schadstoffen enthält das Ei von Natur aus sehr viel Cholesterin, was bekanntermaßen für den menschlichen Körper höchst problematisch ist.

Ein Ei, ob befruchtet oder unbefruchtet, ist von Natur aus für etwas anderes als für den menschlichen Verzehr bestimmt. Außerdem können die Elemente, die im Ei enthalten sind (vor allem Eiweiß), wie oben beschrieben, leicht und auf unschädliche Weise aus rein vegetarischer Nahrung bezogen werden. Selbst Kuchen, Torten und anderes Süßgebäck lassen sich problemlos ohne die Verwendung von Eiern zubereiten (siehe hierzu z.B. die im Anhang erwähnten Backbücher von Petra und Joachim Skibbe).

Der wahre Wert von Milch und Kühen

In diesem Zusammenhang wird manchmal gefragt: Wenn man keine Eier essen soll, warum kann man dann Milch trinken? Ist es nicht dasselbe? – Nein. Milch ist, im Gegensatz zu Eiern, von Natur aus zur Ernährung bestimmt, und der Mensch darf sich diese Milch ebenfalls zunutze machen, denn die Kühe, auch wenn sie nicht hochgezüchtet sind, geben mehr Milch, als ein Kalb braucht.

Durch die wunderbare Vorkehrung der Natur frißt die Kuh Gras, das für den menschlichen Körper wertlos ist, und verwandelt es in ein hochwertiges Nahrungsmittel. Milch enthält alle für den Menschen notwendigen Nährstoffe, Proteine und Vitamine und ist vielfältig verwertbar. Außerdem hilft heiße Milch, feinere Gehirnzellen zu entwickeln, die nötig sind, um geistige Themen zu verstehen. (Es gibt in Indien Beispiele von Weisen und Yogis, die sich nur von Milch ernährten.)

In der altindischen Hochkultur galten die Rinder als der wahre Reichtum des Menschen, denn sie sicherten die Lebensgrundlage der menschlichen Gesellschaft: die Kühe als Quelle von Milch, die Stiere und Ochsen als ideale, unentbehrliche Hilfe bei der Bebauung der Felder ohne Fremdenergie und ihr Dung als wertvolles, natürliches Düngemittel sowie als Brenn- und Baustoff. Aufgrund dieser lebenswichtigen Beiträge wurden die Kuh und der Stier als zweite Mutter und zweiter Vater des Menschen betrachtet, weshalb man sie auch im Alter niemals schlachtete.

Entgegen modernen Fehlauffassungen gelten die Kühe und Stiere auch im heutigen Indien nicht als «heilig» in dem Sinne, daß sie als «Götter» verehrt würden, sondern sie werden von den Menschen als hilfreiche Mitglieder der Gesellschaft geschätzt und beschützt. Dank dieses wirtschaftlichen Systems war Indien, dessen Bevölkerung seit jeher größtenteils rein vegetarisch lebt, bis vor kurzem (genauer: bis zum Eindringen des westlichen Einflusses!) eines der reichsten Länder der Welt, weshalb es auf die europäischen Seefahrer des 16. Jahrhunderts auch eine derartige Faszination ausübte.

In unseren Breitengraden werden die Milchkühe heutzutage bei nachlassender Leistung sofort um des Profites willen geschlachtet; Stiere werden oft bereits als Kälber geschlachtet. Das kurzsichtig und kaltblütig rechnende Landwirtschaftssystem hat jeglichen Sinn für den eigentlichen Wert dieser Tiere verloren und ist dafür in eine verhängnisvolle Abhängigkeit von Maschinenindustrie, Erdöl, Banken und Chemie geraten.

Der Mensch als natürlicher Vegetarier

Eine weitere häufige Frage lautet: Ist der Mensch denn nicht von Natur aus ein Fleischesser oder zumindest ein Allesesser? Auch dieser Zweifel beruht auf einem Mißverständnis. Denn obwohl der Mensch zwar vieles essen *kann* (also biologisch gesehen imstande ist, sich sowohl von Tierfleisch als auch von Pflanzen zu ernähren), heißt das noch lange nicht, daß deshalb alles, was er zu essen vermag, für ihn gesund und förderlich ist. Im Gegenteil: Körperbau und Veranlagung zeigen deutlich, daß die fleischlose Ernährung für den Menschen viel natürlicher und ratsamer ist.

Dies wird anhand der folgenden Gegenüberstellung deutlich:

Fleischfressende Säugetiere:	**Pflanzenfressende Säugetiere / Mensch:**
haben Krallen	haben keine Krallen
keine Hautporen; kühlen den Körper durch Verdunstung über die Zunge	Hautatmung durch Millionen von Poren
Klappgebiß (nur auf und ab)	Kaugebiß (auch seitlich verschiebbar)
scharfe, spitze Vorderzähne, um Tiere zu reißen	keine scharfen, spitzen Vorderzähne zum Töten von Tieren
keine abgeflachten Backenzähne zum Zermahlen der Nahrung	abgeflachte Backenzähne zum Zermahlen pflanzlicher Nahrung
nur kleine Speicheldrüsen im Maul (da wenig Getreide und Früchte vorzuverdauen sind)	gut ausgebildete Speicheldrüsen (notwendig, um Getreide und Früchte vorzuverdauen)
saurer Speichel; kein Ptyalin-Enzym zur Vorverdauung von Getreide	alkalischer Speichel; viel Ptyalin zur Vorverdauung von Getreide
viel starke Salzsäure im Magen zur Verdauung zäher Tiermuskeln, Knochen usw.	zehnmal schwächere Magensäure als Fleischfresser
Verdauungstrakt nur dreimal so lang wie der Körper, damit das schnell verwesende Fleisch rasch aus dem Körper gelangt	Verdauungstrakt mindestens sechsmal so lang wie der Körper, um Blätter und Getreide, die sich nicht so schnell zersetzen, zu verdauen

Der Mensch ist also von Natur aus deutlich als Pflanzenesser konzipiert. Dies zeigt sich auch daran, daß er das getötete Tier nicht roh essen kann, sondern es durch Abhängen, Kochen, Würzen und Braten zubereiten muß, bevor er überhaupt nur daran denken kann, es zu verzehren. Außerdem ißt er in der Regel nur das Faserfleisch, also die Muskeln. Blut, Mark, Knochen und Innereien hingegen – die mineralstoff- und proteinreichsten Teile der Tierleiche, die von den natürlichen Fleischfressern mitverzehrt werden – verschmäht der Mensch. Kein von Natur aus zum Fleischessen bestimmtes Wesen tut das.

Auch die Tiere, die der menschlichen Lebensform am nächsten stehen, nämlich die Menschenaffen, sind Vegetarier.

Fleischessen und körperliche Energie

Noch offensichtlicher wird die Tatsache, daß die bereits besprochenen Zivilisationskrankheiten in hohem Maße durch den Fleischkonsum verursacht werden, wenn wir Völker aus anderen Kulturkreisen betrachten, die nur sehr selten oder gar kein Fleisch essen. Seit einiger Zeit haben Wissenschaftler begonnen, die Gesundheit solcher Völker systematisch zu untersuchen, und ihre Ergebnisse sind eindeutig. Berühmt gewordene Beispiele sind ein Hirtenvolk in den Bergen von Ecuador und der Hunza-Stamm in Kaschmir sowie verschiedene Völker Südindiens, bei denen Krebs und Herzkrankheiten praktisch nicht vorkommen, obwohl es unter ihnen auffallend viele Menschen gibt, die über 80 Jahre, einige sogar über 110 Jahre alt werden.

Dagegen fällt bei Volksstämmen, die praktisch nur von Fleisch und Fisch leben, auf, daß sie sehr schnell altern. Bei den Eskimos und Kirgisen beispielsweise beträgt das statistische Durchschnittsalter nicht einmal 30 Jahre, und nur selten wird dort ein Mensch älter als 40!

Nicht nur in bezug auf die Lebenserwartung, sondern auch in bezug auf das körperliche Leistungsvermögen schneiden in Vergleichsstudien die Vegetarier deutlich besser ab. Bei körperlicher Anstrengung beweisen sie eine viel größere Ausdauer als Fleischesser, und sie benötigen eine viel kürzere Erholungsphase, da vegetarische Nahrung natürlich aufbauend wirkt, wohingegen Fleisch nur einen kurzen Energieschub gibt (ähnlich wie Kaffee), aber dann den Körper mit all den beschriebenen Nachteilen belastet. Auch das Tierreich bestätigt diese Beobachtung. Man soll einmal versuchen, die Arbeit eines Ochsen, Kamels oder Pferdes einem Löwen, Tiger oder Hund aufzubürden. Außerdem zählen zu den größten und stärksten Tieren der Welt reine Pflanzenfresser, wie etwa der Elefant, das Nashorn, der Gorilla oder der Büffel.

Selbst der Brockhaus, eines der renommiertesten und umfassendsten Nachschlagewerke der deutschen Sprache, schreibt in seiner neuesten Ausgabe unter dem Stichwort «Vegetarismus»:

«Gegen den Vegetarismus wird häufig eingewandt, daß er zu Mangelerscheinungen führe. Durch eine geeignete vegetarische Nahrungskombination – z.B. Milch(produkte) und Kartoffeln, Getreide(produkte) und verschiedene Gemüse – wird jedoch die Wertigkeit des besten Einzelproteins (Vollei) erreicht oder sogar übertroffen. Auch kleine Mengen vegetarischer Nahrung können einen hohen Energie- und Nährstoffgehalt haben (Getreide, Nüsse, Fette, Hülsenfrüchte).

Der Ballaststoffreichtum vegetarischer Kost wird gesundheitlich als positiv beurteilt. Zu achten ist bei vegetarischer Ernährung auf die ausreichende Versorgung mit Vitamin B2 und Eisen, beim strengen Vegetarismus [ohne Milchprodukte] auch auf B12 und Calcium. Aus medizinisch-ernährungswissenschaftlicher Sicht wird eine ausgewogene vegetarische Ernährung heute als eine gleichwertige Alternative zur Normalkost beurteilt und ist von höherem gesundheitlichen Wert als eine fleischreiche Kost.» (*Brockhaus Enzyklopädie in 24 Bänden,* 19. Auflage 1994)

Aus all dem Gesagten geht deutlich hervor, daß die Menschen unseres Kulturkreises problemlos ohne Fleisch, Fisch und Eier leben können; es gibt keinen medizinisch-ernährungswissenschaftlichen Grund, warum sie diese Dinge essen müßten, wohl aber viele Gründe, warum sie ihrer Gesundheit zuliebe darauf verzichten sollten.

2. Das traurige Los der Tiere

Daß man allein schon aus gesundheitlichen Gründen kein Fleisch essen sollte, wird noch klarer, wenn wir untersuchen, unter welchen Bedingungen das Fleisch heutzutage «produziert» wird, das heißt, was die Tiere und das Fleisch durchmachen, bevor sie – in schöner Verpackung getarnt – in der Einkaufstasche des nichtsahnenden Konsumenten landen.

Tierische Geschäfte

Die Zeitschrift *Natur* veröffentlichte in ihrer Ausgabe 2/87 einen Artikel mit dem Titel «Tierische Geschäfte», in dem auf mutige Weise Zusammenhänge zwischen profitgierigen Pharma-Firmen, skrupellosen Tiermästern und Schlachthöfen aufgedeckt wurden. Die Problematik der modernen Tierhaltung faßt dieser Artikel wie folgt zusammen:

«Der Handelskrieg wird über den Preis geführt. Das scheint zunächst im Sinne der Verbraucher zu sein. Doch das Bestehen in diesem Preiskrieg ist nur bei massenhafter Serienproduktion möglich. Keine der Handelsketten kauft 50 Hähnchen beim Bauern ein – sie brauchen 50.000 pro Lieferung. Die ‹Produktion von tierischem Protein› in den Massentierhaltungen hat sich darauf eingestellt. Was der Verbraucher nun zwischen die Zähne bekommt, ist gewürzt mit Wachstumsförderern, Hormonen, Antibiotika und Beruhigungsmitteln. Im besten Falle erhält er billiges, nährstoffarmes, aufgeblasenes Fleisch – im schlimmsten Falle ist es vergiftet. ... Was in den Massentierhaltungen und Schlachthöfen geschieht, wird mühelos verdrängt.»

Und was da verdrängt wird, ist haarsträubend. Wenn peinlicherweise einmal ein Skandal durch die Medien bekannt wird, ist die Öffentlichkeit zutiefst schockiert. So schrieb zum Beispiel das Magazin *Der Spiegel* (33/88) in seiner Titelgeschichte «Die Schweinerei mit dem Fleisch»: «Die bundesdeutsche Landwirtschaft erlebt den größten Hormon-Skandal ihrer Geschichte. Illegale Händlerringe und gewissenlose Veterinäre verdienen an der Tiermast als ‹Mafia im Fleischgeschäft›. ... Unters Fell gespritzt und in den Futtertrog gekippt wird nahezu alles, was die Pharma-Industrie so produziert, um Rind, Schwein oder Huhn bis hin zur Schlachtbank auf den Beinen zu halten. ... Wenn Schweine, damit es sich lohnt, innerhalb von 180 Tagen zu Zwei-Zentner-Fleischbergen hochgepäppelt werden, wächst das Knochengerüst nicht schnell genug mit, die Tiere brechen unter dem eigenen Gewicht zusammen.»

Auch in jüngster Zeit weisen immer mehr Veröffentlichungen darauf hin, wie Fleisch auf verschiedenste Weise chemisch und auch genetisch manipuliert wird. Nach der Schlachtung muß es zunächst mit chemischen Mitteln konserviert werden, damit keine üblen Gerüche dem Käufer des tage- und oft sogar wochenalten Fleisches den Appetit verderben, und dann muß das grau-grünliche Fleisch künstlich rot gefärbt werden, da es sonst kaum verkaufbar wäre. Dies alles macht Fleisch zu einem unkalkulierbaren Gefahrenherd für die menschliche Gesundheit.

Auf die im Zusammenhang mit manipuliertem Tierfleisch immer wieder neu auftauchenden Viren und Killer-Parasiten sowie auf die in den letzten Jahren bekannt gewordene BSE-Virus-Infektion, den sogenannten «Rinderwahnsinn» *(bovine spongioforme Enzephalopathie),* oder auf den Dioxin-Skandal in belgischen Geflügelmastbetrieben im Sommer 1999 kann hier nicht im einzelnen eingegangen werden. Diese Aspekte sind durch die Tagespresse bereits zur Genüge bekannt und wären eigentlich allein schon Grund genug, auf den Fleischverzehr mit seinen unberechenbaren Risiken gänzlich zu verzichten.

Tödliche Brutalität

Allein in den USA werden jährlich mehr Tiere für die Fleischerzeugung geschlachtet, als es Menschen auf der Erde gibt. In Deutschland lassen tagtäglich nahezu 100.000 Schweine und Rinder ihr Leben (das sind rund 36 Millionen im Jahr!), dazu unzählige Hühner, Fische und andere Tiere. Alles in allem werden Jahr für Jahr weltweit über 2 Milliarden Stall- und Weidetiere sowie über 20 Milliarden Stück Geflügel für die fleischessenden Menschen auf brutale Weise getötet. Und die Zahl der pro Jahr getöteten Fische geht in die Billionen. (In diesen Zahlen sind die jährlich rund 300 Millionen Opfer der grausamen Tierversuche sowie die vielen Opfer der Pelzindustrie nicht miteingerechnet.)

Die Tiere werden heute nicht mehr als Lebewesen behandelt, sondern als Fleischmaschinen. Das Leben eines gefangengehaltenen Schlachttieres ist von Anfang bis Ende schöpfungswidrig – angefangen mit der konzentrationslagergleichen Aufzucht, der Kastration, den Hormonbehandlungen und der Verabreichung künstlicher Nahrung zu Mastzwecken bis hin zu den langen, schmerzvollen Transporten in extremer Angst und schließlich dem brutalen Ende im Schlachthof.

Ein «Mastkalb» wird heute acht Tage nach seiner Geburt – mit einem Gewicht von nur 40 kg – von seiner Mutter getrennt und in die agrarindustrielle Mastanstalt transportiert, wo es prophylaktisch mit Medikamenten aller Art vollgepumpt wird und ein grauenvolles, unwürdiges Dasein in engsten Käfigen fristet. Bereits im Jahre 1986 wurden in Deutschland 36% aller Rinder und Kälber in Großbeständen von über 100 Tieren gehalten; über 66% der Mastschweine und 83% der Legehennen wurden in Beständen von über 1000 Tieren gehalten, bei den Masthühnern betrug die Zahl sogar 99%.

Die Tiertransporte vom Mastbetrieb zum Schlachthof sind gekennzeichnet von einer ungeheuren Brutalität, wie Dokumentationen immer wieder enthüllen. Oft mit gebrochenen Hüften oder Beinen, mit abgerissenen, blutenden Hörnern, vor Durst, Hunger und Angst halb wahnsinnig, werden die Tiere aus den Lastwagen geprügelt und gezerrt. Viele überleben diesen qualvollen Transport nicht. So kommen auf deutschen Schlachthöfen Jahr für Jahr 400.000 Schweine tot an und werden in der Folge zu Tierkörpermehl verarbeitet, das ihren Artgenossen wiederum als Futter vorgesetzt wird.

Auch die Tierschlachtungen selbst sind alles andere als «human». In Wahrheit machen die Schlachthäuser Höllenvisionen Konkurrenz. Schreiende Kälber, Rinder und Schweine werden durch Hammerschläge, Elektroschocks oder Bolzenschußwaffen betäubt. Mit einem Haken werden sie an den Hinterbeinen in die Luft gezogen und auf vollautomatischen Fließbandanlagen durch Fabriken des Todes befördert. Die Kehle wird ihnen bei lebendigem Leibe aufgeschnitten, und ihr Fleisch wird schon verarbeitet, während sie noch zu Tode bluten. Diese grausame Methode spart Zeit und erhöht die Gewinne.

Auch die Hühner finden kein Erbarmen. Nach fünfzehn Monaten unter qualvollsten Bedingungen als Eierlieferanten in Massenhaltungen sind sie verbraucht und kommen ins Schlachthaus. Rund 300 Millionen Geflügeltiere werden jedes Jahr allein in Deutschland geschlachtet: Das sind über 500 Tiere pro Minute – Tag und Nacht! Die Hühner werden im Schlachthaus keineswegs schonender behandelt als die sogenannten Großtiere; auch sie werden im Akkord getötet. Diejenigen Hühner, die den Transport überlebt haben, werden lebend ans Fließband gehängt und dann entweder durch Stromschlag getötet oder dadurch, daß man ihnen, oft bei vollem Bewußtsein, den Hals durchschneidet. Ein durchschnittlicher Schlachthofarbeiter schneidet auf diese Weise pro Stunde bis zu 1000 Hühnerkehlen durch, und in einem einzigen mittelgroßen Betrieb werden täglich bis zu 50.000 Hühner geschlachtet.

Doch genau wie für den Menschen ist auch für das Tier das Ermordetwerden eine Erfahrung von Schrecken und Panik, was im Körper schlagartig einen drastischen biochemischen Wandel auslöst, wodurch der ganze Kadaver mit Angsthormonen vergiftet wird. Der international engagierte Schweizer Tierschützer und Ökologe Franz Weber erklärte in einer Radiosendung: «Nehmen wir das Beispiel von Hamburg, wo Menschen Vergiftungen erlitten, als sie Thunfisch aus der Büchse aßen. Warum? Der Thunfisch wurde lebendig (!) zersägt, und die gefangenen Fische hatten eine solch unglaubliche Angst, daß sie ein Gift ausschieden, das in das Fleisch einging. Das war schon den alten Römern bekannt. Um ein bestimmtes Gift zu bekommen, haben sie Sklaven zu Tode gefoltert, und mit dem Speichel dieser Toten konnte man andere vergiften. Die Todesangst geht also ins Gewebe ein und wird vom Menschen mitgegessen.»

Aus genau diesem Grund ist auch das neuerdings angepriesene «natürliche Weidefleisch» von sogenannt «glücklichen» Schlachttieren, die Auslauf im Sonnenlicht hatten, keine wirkliche Alternative, sondern nur eine neue kommerzielle Taktik der Fleischproduzenten, um die verunsicherten Konsumenten zu beruhigen und sich selbst neue Absatzmärkte zu erschließen. Denn auch ein «glückliches» Tier erfährt, wenn es geschlachtet wird, Todesangst. Auch sein Fleisch ist vergiftet und belastet denjenigen, der es ißt!

Überhaupt ist die Produktion von sogenanntem «Bio-Fleisch» widersprüchlich: Einerseits will man die Tiere als Lebewesen respektieren und gewährt ihnen deshalb angenehme Lebensbedingungen, aber andererseits schlachtet man sie schließlich dennoch und ißt sie auf. Das einzig «natürliche» Fleisch wäre das Fleisch eines natürlich gestorbenen Tieres.

3. Mißwirtschaft und Naturzerstörung

Im 4. Jahrhundert v. Chr. verfaßte der griechische Philosoph Platon sein berühmtes Werk «Der Staat», das verschiedene Reden seines Lehrers Sokrates enthält. Unter anderem spricht Sokrates darüber, wie ein Staat seine wirtschaftliche Grundlage gesund erhalten kann, und in diesem Zusammenhang weist er darauf hin, daß dazu die allgemeine vegetarische Ernährung notwendig ist. Er warnt, daß mehr Weideland benötigt werde, sobald die Menschen begännen, den Tierbestand zu erhöhen, um zusätzlich Schlachttiere zu halten: «Und das Land, das ursprünglich groß genug war, um all seine Bewohner zu versorgen, wird auf einmal zu klein sein, und so werden wir in den Krieg ziehen müssen.»

Es ist erstaunlich, daß dem Philosophen Sokrates nicht nur die ethischen und gesundheitlichen Nachteile des Fleischessens bekannt waren, sondern offensichtlich auch die ökonomischen. Er weist mit Recht darauf hin, daß die Erde genug Nahrung für all ihre Bewohner hervorbringt, daß aber ein Fehlverhalten von nur wenigen Menschen schon weittragende Folgen haben kann.

Welch verhängnisvolles Ausmaß diese Folgen heute angenommen haben, konnte sich allerdings selbst Sokrates nicht vorstellen. Der Teufelskreis, der durch den Konsum von Fleisch ausgelöst wird, ist wahrscheinlich das typischste Beispiel für das Zusammengehen von menschlicher Unvernunft und blinder Zerstörung.

Nahrungsmittelverschwendung

Fleisch ernährt wenige auf Kosten vieler, denn für die Produktion von Fleisch wird wertvolles Getreide, das die Menschen direkt ernähren könnte, an Tiere verfüttert. Laut amtlicher Angaben des Landwirtschaftsministeriums der Vereinigten Staaten werden über 90% des in Amerika angebauten Getreides an Tiere verfüttert (Rinder, Schweine, Lämmer, Hühner usw.). Oder anders ausgedrückt: An die Schlachttiere Amerikas wird jährlich mehr Getreide verfüttert, als die Bevölkerung von Indien und China zusammengenommen zur Ernährung braucht! (aus Heller: *Das Brot des Siegers*, S. 27)

Weltweit gesehen wird mindestens ein Drittel der Getreideernte an Vieh verfüttert (ebenso ein Drittel der Milchprodukte). Dieses Verfahren, hochwertige pflanzliche Nahrungsmittel in Fleisch umzuwandeln, ist über alle Maßen verschwenderisch, denn Fleischproduktion ist energetisch gesehen die schlechteste Form der Bodenausnutzung: Um ein Rind ein Jahr lang zu mästen, benötigt man 0,5 ha Land. Nach einem Jahr erhält man von diesem Tier rund 300 kg eßbares Fleisch. Hätte man während dieses Jahres auf derselben Fläche Getreide oder Kartoffeln angepflanzt, hätte man mindestens 3000 kg Getreide bzw. 20.000 kg Kartoffeln bekommen! Anders ausgedrückt: Ein einziges Steak von 225 Gramm enthält soviel Pflanzenenergie, daß man damit rund 40 Menschen einen Tag lang vor dem Hungertod bewahren könnte!

Hierzu nochmals der Brockhaus: «Aus sozioökonomischer Sicht kommt zur Deckung eines angesichts der zunehmenden Weltbevölkerung steigenden Protein- und Kalorienbedarfs nach Auffassung von Experten nur eine Erhöhung des vegetabilen Nahrungsanteils in Frage. Der Umweg über das Tier gilt als besonders verschwenderisch; zur Bildung von 1 kg tierischem Protein werden 5–10 kg Pflanzeneiweiß verbraucht. In Wohlstandsländern wird etwa die Hälfte des Getreides an das Vieh verfüttert oder zu Alkohol umgewandelt. Mit vegetarischer Mischkost können somit erheblich mehr Menschen ernährt werden als mit herkömmlicher Kost.» (*Brockhaus Enzyklopädie in 24 Bänden*, 19. Auflage 1994, Stichwort «Vegetarismus»)

Diese Verschwendung geschieht willentlich und mit knallhartem Kalkül. In den letzten fünfzig Jahren, das heißt seit dem Zweiten Weltkrieg, haben finanzstarke Konzerne begonnen, zahllose landwirtschaftliche Kleinbetriebe aufzukaufen und in riesige Kommerzfarmen umzuwandeln, um so das Land mit Monokulturen auszubeuten. Dadurch warfen diese Großplantagen (die hauptsächlich europäischen, amerikanischen und japanischen Chemie-, Versicherungs- und Bankriesen gehören) dreifache und noch höhere Getreideerträge ab, was nur möglich war durch den Einsatz von hochtechnologischen Maschinen, chemischen Düngern, Agrargiften und in jüngster Zeit sogar von genetisch manipuliertem Saatgut. Um zu verhindern, daß durch diese Überproduktion an Getreide die Preise sinken, mußten die Ernteerzeugnisse «vom Markt ferngehalten» werden, das heißt im Klartext: entweder ganz vernichtet oder aber verschwendet werden.

Man stand also vor der Frage, wie man den Getreideüberfluß profitbringend loswerden konnte. Die Antwort lag auf der Hand: durch vermehrte Fleischproduktion! Und die Rechnung war einfach: Man mästet die künstlich gezüchteten Tiere mit der überproduzierten Nahrung, die an sich ein totes Kapital darstellt, und verkauft das Fleisch alsdann mit hohem Gewinn.

Tiere fressen eine viel größere Menge Futter, als die Schlachtung Fleisch ergibt, und von allen Tieren ist das Rind am wenigsten dazu geeignet, pflanzliches Protein in tierisches Protein zu verwandeln. Rindfleisch stellt also die «ideale» Verschwendung dar: Ein Kilogramm Rindfleisch entspricht rund 16 Kilogramm Getreide oder Sojabohnen. Die restlichen 15 Kilogramm – also 94% – sind für den Menschen verloren! (Der Wert für Schweinefleisch liegt bei 1:6, für Geflügel bei 1:4.)

Die Fleischwirtschaft ist also maßgeblich für die Vernichtung von Nahrungsmitteln in gigantischem Ausmaß verantwortlich. Und dennoch (oder gerade deshalb?) wird die Fleischproduktion immer wieder durch neue Gesetze mit riesigen Subventionen gefördert, und zwar gleich zweifach auf Kosten der Konsumenten: Zum einen werden mit ihren Steuergeldern in Form von Subventionen die Schlachttiermäster unterstützt. (Allein im Jahr 1986 wurden in der EG 650.000 Tonnen staatlich subventioniertes Rindfleisch überproduziert; dies kostete die EG-Steuerzahler 5,1 Milliarden DM!) Und zum anderen erhöhen sich zwangsläufig die Preise für die gesunden, natürlichen Nahrungsmittel wie Brot, Milch, Gemüse und Obst. Während also Fleisch künstlich billiger angeboten wird, steigen die Brot- und Milchpreise!

Die oben beschriebene Taktik der multinationalen Großkonzerne führte zu einem explosionsartig gesteigerten Fleischangebot, und so mußte dem Volk der wachsende Fleischberg irgendwie schmackhaft gemacht werden. Über eine großangelegte Werbung und «wissenschaftliche» Propaganda wurde verkündet, Fleisch sei gesund und wichtig, der Mensch brauche viel Protein, pflanzliches Protein sei minderwertig, Vegetarier hätten Mangelerscheinungen usw. Leider wird dieser werbetechnische Unsinn auch heute noch sogar von vielen Ärzten, Medizinprofessoren und -studenten geglaubt und verkündet.

Hunger in der Dritten Welt

Wohlstandsländer verschwenden nicht nur ihr eigenes Getreide, indem sie es an ihre Schlachttiere verfüttern, sondern verwenden für diesen fragwürdigen Zweck auch Futtermittel, die in der Dritten Welt angebaut werden. Dadurch wird den dortigen Bauern lebensnotwendiges Acker-und Weideland geraubt, was das Gleichgewicht der Wirtschaft in diesen Ländern zerstört und zu Viehsterben und Nahrungsmittelknappheit und dadurch zu Importabhängigkeit und Verschuldung führt.

Wie bereits erwähnt, werden rund 35–40% der globalen Getreideproduktion an Schlachttiere verfüttert. Demgegenüber sterben nach UNO-Statistik täglich rund 38.000 Kinder an den Folgen von Unterernährung. Weltweit verhungern jährlich rund 20 Millionen Menschen. Stellvertretend für all diejenigen, die diese skandalösen Zusammenhänge erkannt haben, sagt der Schweizer Nationalrat und Drittwelt-Experte Prof. Jean Ziegler: «Diesen fürchterlichen Massenmord will ich nicht mehr mitmachen. Kein Fleisch zu essen ist ein minimaler Anfang.»

Solche Tatsachen bewogen Wirtschaftsexperten, darauf hinzuweisen, daß das Welthungerproblem im Grunde von nur wenigen Menschen, nämlich den Fleischessern in den Industrienationen, verschuldet wird. Nicht die angebliche Überbevölkerung ist die Ursache der Nahrungsmittelknappheit, unter der heute fast drei Viertel der Erdbevölkerung leiden, sondern der *Mißbrauch* von Nahrungsmitteln. Wir produzieren im Grunde mehr als genug Nahrungsmittel für alle Menschen auf unserem Planeten, doch wir verteilen sie ungerecht, indem wir sie verschwenden, und das heißt vor allem, indem wir sie an Schlachttiere verfüttern (oder auch tonnenweise ins Meer schütten, um den Preis stabil zu halten).

Als Beispiel sei der in Thailand angebaute und hauptsächlich für die europäische Schweinemast bestimmte Maniok genannt – eine Kulturpflanze, aus deren Wurzelknollen das Tapioka-Stärkemehl gewonnen wird. Seit 1979 wurde in Thailand der Anbau von Maniok verdreißigfacht, während gleichzeitig der Wald von 72% auf 17% der Landfläche schrumpfte! Knapp die Hälfte der Kleinkinder im Hauptanbaugebiet des Maniok sind unterernährt, über ein Zehntel haben Mangelerscheinungen, und jährlich sterben 60.000 thailändische Kinder an Hunger.

Zerstörung der Lebensgrundlagen

Die Fleischproduktion verursacht nicht nur Hunger in den Ländern der Dritten Welt, sondern trägt auch zur globalen Zerstörung der Lebensgrundlagen bei. Der tropische Regenwald, Hauptquelle der Sauerstoffproduktion unseres Planeten, bedeckte noch im Jahre 1945 die Erde mit einer Ausdehnung von 16 Millionen Quadratkilometern. In den letzten Jahrzehnten jedoch ist diese «grüne Lunge» weltweit um rund 50% geschrumpft! Wo vorher die üppige tropische Vegetation vielen Tier- und Pflanzenarten Lebensraum bot, setzt nach der Rodung sofort die Bodenerosion ein, und nach wenigen Jahren profitgieriger Nutzung bleibt nichts anderes übrig als eine karge Wüstenlandschaft.

Und wer ist verantwortlich? Hauptsächlich die internationalen Fleisch- und Hamburgerkonzerne, die das gerodete Land als Weideflächen für ihre Schlachttierherden oder als Ackerland für riesige Futtermittelplantagen (etwa für Soja oder Maniok) verwenden, und zu einem gewissen Teil auch die Papier- und Holzmultis. Für einen einzigen Hamburger müssen vier bis fünf Quadratmeter Regenwald in Weide- oder Ackerland umgewandelt werden, das binnen zwei bis drei Jahren zur Wüste wird! «Das reichste Ökosystem der Erde wird zu Hamburgern, Sperrholz und Packpapier verarbeitet – für Europäer, Amerikaner und Japaner.» (*Neue Zürcher Zeitung*, 30.3.1983)

Das Stichwort lautet also «Futtermittelimporte». Skrupellos werden in der Dritten Welt einheimische Kleinbauern ausgebeutet oder in die Städte vertrieben, das Land wird mit Monokulturen und Chemie verschandelt, der Boden mit schweren Maschinen zerdrückt und der natürliche Kreislauf der Nahrungsversorgung grundlegend zerstört.

Auch hierzu ein Beispiel: Ein Drittel des Soja-Imports der EU stammt aus Brasilien. Allein Deutschland bezog im Jahre 1991 rund 213.000 Tonnen Sojaschrot aus Brasilien, hauptsächlich für die Schweine-, Rinder- und Geflügelmast. Die enorme Nachfrage nach dieser wertvollen Eiweißpflanze ließ Brasilien zum größten Sojaschrotexporteur der Welt werden – um den Preis, daß ganze Bundesstaaten ihr Gesicht veränderten. Rio Grande do Sul war vor 30 Jahren noch zu einem Drittel bewaldet; heute säumen kümmerliche 1,8% Regenwald die unüberschaubaren Soja-Monokulturen.

Rund vier Millionen brasilianische Kleinbauern, die ehemals gut von ihrer Arbeit leben konnten, wurden durch die aggressiven Privatarmeen der multinationalen Konzerne in die Slums der Städte vertrieben. Das angebaute Soja stillt jedoch nicht den Hunger der rund 30 Millionen mangelleidenden Brasilianer – es verschwindet als Viehfutter ins Ausland. Das große Geschäft machen dabei nicht etwa einheimische Firmen, sondern eine Handvoll westlicher Konzerne.

Hinzu kommt, daß Land und Bevölkerung durch den Futtermittelanbau mit einer Unmenge von chemischen Schadstoffen vergiftet werden. Brasilien ist heute der drittgrößte Pestizidverbraucher der Erde. 1985 wurden in Deutschland 191.000 Tonnen Pestizide hergestellt; die Hälfte davon ist krebserregend und somit verboten. Daher wich die Industrie auf Länder wie Brasilien aus, und so landen Lindan oder Endrin auf dem Soja. Der Kreis schließt sich schnell, wenn sich das vergiftete Soja über europäische Rinder legal auf dem Teller des europäischen Fleischessers wiederfindet. Schlimmer jedoch trifft es die Brasilianer: 50 bis 100 Pestizid-Todesopfer melden die Anbaugebiete jährlich, dazu über 2000 Krankenhauseinweisungen als Folge von Vergiftungen.

Der brasilianische Erzbischof Helder Camara faßte diese Mißstände so zusammen: «Überall in der Dritten Welt wird die Landwirtschaft auf Kosten des Volkes modernisiert. Um die Konsumgewohnheiten der Reichen zu befriedigen, die immer mehr Fleisch essen wollen, läßt man das fremde Vieh die kärglichen Kulturen der wehrlosen Kleinbauern zertrampeln.» (zitiert in: «Die Schuld der Fleischfresser», *Tages-Anzeiger*, Zürich, 23.9. 1978)

Der Teufelskreis hört aber damit nicht auf. Die Liste der negativen Folgen der Profitwirtschaft und des Fleischkonsums umfaßt weiter: Erosion und Bodenunfruchtbarkeit, Verschlammung und Flutkatastrophen, Dürre und Versteppung sowie das Aussterben von Tierarten – mittlerweile mindestens eine Tierart pro Tag!

Doch wie alles, schlägt auch dies wie ein Bumerang auf den Menschen zurück, und die Bewohner der modernen Industrienationen werden zu Opfern ihres eigenen Konsumverhaltens. Durch die gigantischen Monokulturen, durch die Brandrodung des Regenwaldes sowie durch die Methangase der Mastviehbetriebe wird die weltweite Klimaverschiebung vorangetrieben, deren katastrophale Folgen (Treibhauseffekt, Wüstenausbreitung, Überschwemmungen, Abschmelzen der Polkappen usw.) die Menschen mittlerweile weltweit fast täglich zu spüren bekommen.

Ein weiteres Problem sind die stark verunreinigten Abwässer von Mastbetrieben und Schlachthöfen, die in hohem Maße zur Überdüngung und Abtötung von Seen, Flüssen und Meeren beitragen. Allein in einem mittleren Mastbetrieb mit 5000 Kälbern entstehen jährlich zehn Millionen Liter Jauche! In Deutschland fallen durch die Masttierhaltung mittlerweile jährlich mehr als drei Tonnen Jauche pro Einwohner an! (aus: *Fleisch frißt Mensch*, ARD, 18.10.1987)

Nach einer kalifornischen Studie werden 106 Liter Wasser benötigt, um ein Kilogramm Weizen zu produzieren, 150 Liter für 1 kg Kartoffeln, 40–60 Liter für 1 kg Äpfel, jedoch 9700 Liter für 1 kg Schweinefleisch und 32.100 Liter für 1 kg Rindfleisch! Das für die Fleischproduktion verschwendete und verseuchte Wasser landet schließlich in der Jauchegrube. Wohin aber mit einem Meer von Jauche? Ganz einfach: Man kippt sie auf die Felder. Weil jedoch enorme Mengen vorhanden sind, werden die Felder maßlos überdüngt, und ein Großteil der Flüssigkeit voller schädlicher chemischer Rückstände gelangt via Bäche, Flüsse und Seen ins Grundwasser und so letzten Endes in unser Trinkwasser.

Eine der sichtbaren Folgen dieser Eingriffe in die Natur sind sterbende Meere wie die Nordsee und das Mittelmeer: Fische sterben, Algenschwemmen treten auf usw. Ursache dafür sind in erster Linie Phosphate und Nitrate. Allein in die Nordsee werden jährlich etwa 100.000 Tonnen Phosphate und 1.000.000 Tonnen Nitrate geschwemmt. Diese Salze stammen aus der Industrie und den kommunalen Kanalisationen entlang den Zuflüssen und auch – wie hinlänglich erwiesen – zu einem großen Teil aus der kommerziellen Landwirtschaft und den Tiermästereien.

Die massenweise produzierten tierischen Exkremente haben eine weitere fatale Nebenwirkung: sauren Regen und damit das Waldsterben. Die holländische Regierung, die diese Zusammenhänge wissenschaftlich erforschen ließ, kam zu dem Ergebnis, daß die Ammoniak- und Methangas-Emissionen der Jauchebehälter von Massentierhaltungen zu saurem Regen führen und zu einem Drittel für das Waldsterben verantwortlich sind. Daß es sich dabei keineswegs um ein regionales Problem handelt, wurde durch die Forscher ebenfalls bewiesen: Die Ammoniak-Wolken aus Holland sind sogar noch in Lappland nachweisbar!

Der Ökologe Dr. Georg Borgström errechnete, daß durch die Fleischproduktion zehnmal mehr Verschmutzungen verursacht werden als durch Privathaushalte und dreimal mehr als durch die Industrie. (zitiert in: Lappé, *Die Öko-Diät*)

Zusammenfassung: Durch eine vegetarische Ernährung könnten viele der ökonomischen und ökologischen Probleme, die die Welt heute belasten, mit einem Mal gelöst werden. In Anbetracht all dieser Gründe ist es sehr schwer zu verstehen, wie es sich jemand noch leisten kann, *nicht* Vegetarier zu sein.

4. Ethische Aspekte

«Auch wenn wir gar nicht hoffen könnten, daß jemals alle Menschen zur vegetarischen Lebensweise übergehen werden, hätte niemand deswegen das Recht, Fleisch zu essen. Ein Unrecht bleibt auch dann ein Unrecht, wenn alle es verüben. ... Ich sage ja nicht, daß jeder Mensch, der vegetarisch lebt, gerecht sei, sondern, daß jeder, der n i c h t vegetarisch lebt, dadurch ungerecht handelt.»

– *Magnus Schwantje* (1877–1959), einer der ersten großen Vorkämpfer für Vegetarismus und Tierschutz; prägte im Jahre 1902 den Begriff «Ehrfurcht vor dem Leben».

Bisher haben wir die gesundheitlichen, wirtschaftlichen und ökologischen Nachteile des Fleischkonsums behandelt. Unsere nächste Fragestellung geht tiefer: Haben wir – abgesehen von den schädlichen Folgen – überhaupt das *Recht,* Tiere zu töten?

Diese Frage bringt uns in den Bereich der Ethik, einer Geisteswissenschaft, die im Gegensatz zu den heute dominierenden Naturwissenschaften nicht nur die leblose Materie untersucht, sondern darüber hinaus nach den höheren Gesetzen des Lebens forscht. Die Ethik wird in der heutigen Zeit des materiellen, technischen Fortschritts oft als Stiefkind behandelt und an vielen Schulen und Universitäten schon gar nicht mehr gelehrt. Ohne Ethik, ohne das Fragen nach dem Sinn und Wert einer Handlung, wird jedoch jede Wissenschaft letztlich sinn- und wert-los. Ethik müßte daher Grundlage eines jeden wissenschaftlichen Strebens sein.

Die Achtung vor dem Leben

Das griechische Wort *ethos,* von dem das Begriff «Ethik» abgeleitet ist, bedeutet «innere Gesinnung, Sitte und Lebensführung», die sich aus der Verantwortung des Menschen gegenüber der Schöpfung ergibt. Es ist also nicht verwunderlich, daß sich die Vertreter einer konsequenten Ethik schon immer auch mit dem Thema des vegetarischen Lebens beschäftigten.

Das Wort «Vegetarier», das im Jahre 1847 von den Gründern der Britischen Vegetarischen Gesellschaft geprägt wurde, hat seine Wurzel im lateinischen Wort *vegetus,* das «rüstig, kräftig, frisch und gesund» bedeutet. (Mit dem Ausdruck *homo vegetus* bezeichneten die alten Römer einen «geistig und körperlich gesunden, vitalen Menschen».) Die ursprüngliche Bedeutung des Wortes weist also auf eine ganzheitliche, philosophisch und moralisch ausgeglichene, harmonische Lebenseinstellung hin, die weitaus mehr beinhaltet als nur die Ernährung durch Getreide, Gemüse und Früchte.

Die meisten Vegetarier sind Menschen, die verstanden haben, daß wir als Beitrag zu einer gerechteren und friedlicheren Gesellschaft zunächst das Problem der Gewalt in unserem eigenen Handeln lösen müssen. Sie sind sich bewußt geworden, daß der

Fleischkonsum eine massive Gewaltanwendung gegen andere Lebewesen mit sich bringt, was nicht nur überflüssig, sondern auch ethisch unverantwortbar ist.

Die Schwierigkeit liegt allerdings darin, daß viele Fleischesser die ethischen Aspekte ihrer Ernährungsgewohnheiten nicht wahrhaben wollen, ja sie geradezu verdrängen oder sich durch die Propaganda der Fleisch- und Pharmakonzerne manipulieren lassen. Ein Großteil von ihnen würde zweifellos sogleich Vegetarier werden, wenn sie sich beim Einkaufen, Kochen und Essen wirklich des Elends und der Angst der Tiere im Schlachthaus bewußt wären oder wenn sie die Tiere, die sie essen, selbst töten müßten. Dies würde wohl manchem Fleischkonsumenten die Augen und das Herz öffnen.

Überhaupt scheinen viele Menschen in unserem Kulturkreis eine «selektive Tierliebe» zu haben: Einerseits hätscheln sie ihren Hund oder ihre Katze und verwöhnen sie, als wären es die eigenen Kinder; andererseits essen sie bedenkenlos das Fleisch von Kälbern, Schweinen, Lämmern und Hühnern. Dieser egoistische Umgang mit Tieren ist inkonsequent und vom ethischen Standpunkt aus höchst fragwürdig.

«Mir schmeckt's trotzdem»

Aus den bisherigen Betrachtungen geht hervor, daß das Essen von Fleisch für den Menschen weder notwendig noch gesund, noch wirtschaftlich und ethisch vertretbar ist. Dennoch lautet ein häufiges Argument: «Wie dem auch sei – mir schmeckt's trotzdem.» Woher aber nehmen wir uns das Recht, schwächere Lebewesen auszubeuten und sie zu töten, nur um ihr Fleisch zu essen – mit der Begründung, daß es uns «schmeckt» und daß wir Lust dazu haben?

Jeder nachdenkliche Fleischesser ist daher aufgefordert, sich ernsthaft die folgende Frage zu stellen: Ist das «Leid», das ich mir selbst durch den Verzicht auf Fleischnahrung bereite, größer als das Leid der Tiere, die ich verspeise? Diese Frage der Ethik griff auch die *Schweizer Illustrierte* in ihrer Ausgabe vom 8.6.1987 auf, indem sie den deutschen Erfolgsautor Volker Elis Pilgrim zitierte: «‹Das zurechtgemachte Kotelett liegt im Regal wie eine Schachtel, ein Teller oder ein Hosenknopf. Ist es aber nicht. Gestern noch gehörte es zu einem atmenden, fühlenden, pulsierenden Ganzen. Will ich es töten, um so an mein Kotelett zu kommen? Nein, ich will nicht.› Nun – würden wir alle ernsthaft vor diese Frage gestellt, gäbe es in der Schweiz vermutlich nur noch Vegetarier. Und wir stünden damit in guter Gesellschaft mit Dichtern und Denkern aller Zeiten, die das Töten von Tieren seit jeher für des menschlichen Geistes unwürdig hielten.»

Und solche Persönlichkeiten gibt es viele. Zu den bekanntesten ethischen Vegetariern gehören Buddha, Zarathustra, Pythagoras, Empedokles, Sokrates, Platon, Aristoteles, Horaz, Ovid, Seneca, Epikur, Plutarch, Franziskus von Assisi, Leonardo da Vinci, Isaak Newton, Voltaire, Jean-Jacques Rousseau, Alexander von Humboldt, Ralph Waldo Emerson, George Sand, Richard Wagner, Henry David Thoreau, Leo Tolstoi, Wilhelm Busch, Bertha Freifrau von Suttner, Thomas Alva Edison, Nikola Tesla, George Bernard Shaw, Rudolf Steiner, Romain Rolland, Mahatma Gandhi, Rainer Maria Rilke, Albert Schweitzer,

Albert Einstein, Franz Kafka und Isaac Bashevis Singer – von den vielen prominenten Vegetariern der Gegenwart ganz zu schweigen.

Zitate berühmter Vegetarier

Schon immer hat es große Kulturen und Persönlichkeiten gegeben, die den Tieren den Respekt, der ihnen als unseren Mitgeschöpfen gebührt, zukommen ließen. Während in unseren Breitengraden noch primitivste Lebensumstände herrschten, gab es beispielsweise in Indien bereits blühende Hochkulturen, wie die altüberlieferten Veda-Schriften jener Zeiten belegen. Vor allem die *Bhagavad-gita,* die wichtigste dieser Schriften, betont, daß Ackerbau, Naturalhandel und der Schutz der Kühe die wirtschaftlichen Säulen einer langfristig überlebensfähigen Gesellschaft sind. Außerdem offenbart die *Bhagavad-gita,* daß es Gottes Wunsch ist, daß die Menschen sich vegetarisch ernähren. (Weitere Einzelheiten über die Lehren der *Bhagavad-gita* werden im 6. und 7. Kapitel angeführt.)

Auch in der ältesten europäischen Hochkultur, im antiken Griechenland, war der Vegetarismus ein hochgehaltenes Ideal. Das Zitat aus Platons Buch «Der Staat» und die oben angeführten Namen haben dies bereits illustriert.

Von dem großen Philosophen *Pythagoras* (rund 582–496 v. Chr.) ist folgendes überliefert: «Wer mit dem Messer die Kehle eines Rindes durchtrennt und beim Brüllen der Angst taub bleibt, wer kaltblütig das schreiende Böcklein abzuschlachten vermag und den Vogel verspeist, dem er selber das Futter gereicht hat – wie weit ist ein solcher noch vom Verbrechen entfernt?»

Und *Aristoteles* führte den Gedanken weiter: «Wie der Mensch in seiner Vollendung das edelste aller Geschöpfe ist, so ist er, losgerissen von Gesetz und Recht, das schlimmste von allen.»

Genau wie bei den Griechen gab es auch bei den Römern große Philosophen, die Vegetarier waren, wie etwa Horaz, Ovid und Plutarch. In seiner bemerkenswerten Abhandlung «Über das Fleischessen» schreibt *Plutarch* (45–120 n. Chr.): «Könnt ihr wirklich die Frage stellen, aus welchem Grunde sich Pythagoras des Fleischessens enthielt? Ich für meinen Teil frage mich, unter welchen Umständen und in welchem Geisteszustand es ein Mensch das erstemal über sich brachte, mit seinem Mund Blut zu berühren, seine Lippen zum Fleisch eines Kadavers zu führen und seinen Tisch mit toten, verwesenden Körpern zu zieren, und es sich dann erlaubt hat, die Teile, die kurz zuvor noch gebrüllt und geschrien, sich bewegt und gelebt haben, Nahrung zu nennen. ... Um des Fleisches willen rauben wir ihnen die Sonne, das Licht und die Lebensdauer, die ihnen von Geburt an zustehen.»

Dann fordert Plutarch die Fleischesser offen heraus: «Wenn ihr nun behaupten wollt, daß die Natur solche Nahrung für euch vorgesehen hätte, dann tötet selbst, was ihr zu essen gedenkt – jedoch mit euren naturgegebenen Mitteln, nicht mit Hilfe eines Schlachtmessers, einer Keule oder eines Beils.»

Es hat also schon immer zahlreiche Stimmen gegeben, die eindringlich auf die Notwendigkeit fleischloser Ernährung hinwiesen. Die folgenden Zitate sprechen für sich:

Horaz (65–8 v. Chr., klassischer Dichter Roms): «Wage es, weise zu sein! Höre auf, Tiere zu töten! Wer die Stunde des rechten Lebens hinausschiebt, gleicht nur dem Bauern, der darauf wartet, daß der Fluß versiegt, ehe er ihn überquert.»

Ovid (43 v. Chr.–17 n. Chr., klassischer Dichter Roms): «Das Zeitalter, das wir das Goldene benannt haben, war gesegnet mit den Früchten der Bäume und mit den Kräutern, welche die Erde hervorbringt, und der Mund der Menschen wurde nicht mit Blut befleckt. Damals bewegten die Vögel ihre Schwingen sicher in den Lüften, und der Hase durchstreifte das freie Feld ohne Furcht; damals wurde der Fisch nicht das arglose Opfer des Menschen. Jeder Ort war ohne Verrat, keine Ungerechtigkeit herrschte, und alles war von Frieden erfüllt. In späteren Zeitaltern schmähte und verachtete ein Unheilstifter diese reine, einfache Nahrung und versenkte in seinen gefräßigen Wanst Speisen, die von Leichnamen herrührten. Damit öffnete er zugleich der Schlechtigkeit den Weg.»

Franziskus von Assisi (1182–1226, italienischer Heiliger; Begründer des Franziskanerordens): «Gott wünscht, daß wir den Tieren beistehen, wenn sie der Hilfe bedürfen. Ein jedes Wesen in Bedrängnis hat gleiches Recht auf Schutz.»
«Alle Geschöpfe der Erde fühlen wie wir, alle Geschöpfe streben nach Glück wie wir. Alle Geschöpfe der Erde lieben, leiden und sterben wie wir, also sind sie uns gleichgestellte Werke des allmächigen Schöpfers: unsere Brüder.»

Leonardo da Vinci (1452–1519, italienisches Universalgenie): «Wahrlich ist der Mensch der König aller Tiere, denn seine Grausamkeit übertrifft die ihrige. Wir leben vom Tode anderer. Wir sind wandelnde Grabstätten!»
«Ich habe schon in jüngsten Jahren dem Essen von Fleisch abgeschworen, und die Zeit wird kommen, da die Menschen, wie ich, die Tiermörder mit gleichen Augen betrachten werden wie jetzt die Menschenmörder.»

Voltaire (1694–1778, französischer Philosoph und Schriftsteller): «Gewiß ist es, daß dieses scheußliche Blutbad, welches unaufhörlich in unseren Schlachthäusern und Küchen stattfindet, uns nicht mehr als ein Übel erscheint; im Gegenteil betrachten wir diese Scheußlichkeiten ... als einen Segen des Herrn und danken ihm in unseren Gebeten für unsere Mördereien. Kann es denn aber etwas Abscheulicheres geben, als sich beständig von Leichenfleisch zu ernähren?»

Jean-Jacques Rousseau (1712–1778, französisch-schweizerischer Philosoph, Pädagoge und Schriftsteller; prägte die Forderung «Zurück zur Natur!»): «Ein Beweis, daß der Geschmack für Fleischkost dem Menschen nicht natürlich ist, liegt auch darin, daß die Kinder eine Abneigung gegen solche Speisen haben und den pflanzlichen Nahrungsmitteln den Vorzug geben, wie Milchspeisen, Gebäck, Obst und dergleichen. Es ist höchst wichtig, diesen ursprünglichen und natürlichen Geschmack nicht zu verderben und die Kinder nicht zu Fleischessern zu machen. Denn wie man auch die Tatsachen erklären möge, so ist es doch gewiß, daß die starken Fleischesser im allgemeinen grausamer und wilder sind als andere Menschen.»

Immanuel Kant (1724–1804, deutscher Philosoph): «Die Grausamkeit gegen die Tiere ist der Pflicht des Menschen gegen sich selbst entgegengesetzt.»

Jean Paul (1763–1825, deutscher Dichter): «Gerechter Gott! Aus wie vielen Marterstunden der Tiere lötet der Mensch eine einzige Festminute für seine Zunge zusammen!»

Alexander von Humboldt (1769–1859, deutscher Gelehrter; Begründer der wissenschaftlichen Erdkunde): «Grausamkeit gegen Tiere kann weder bei wahrer Bildung noch wahrer Gelehrsamkeit bestehen. Sie ist eines der kennzeichnendsten Laster eines niederen und unedlen Volkes.»
«Wo ein Jäger lebt, können zehn Hirten leben, hundert Ackerbauern und tausend Gärtner. ... Dieselbe Strecke Landes, welche als Wiese, das heißt als Viehfutter, zehn Menschen durch das Fleisch der darauf gemästeten Tiere aus zweiter Hand ernährt, vermag – mit Hirse, Erbsen, Linsen und Gerste bebaut – hundert Menschen zu erhalten und zu ernähren.»

Joseph von Görres (1776–1848, deutscher Publizist und Gelehrter der Romantik): «Wer über das gewöhnliche Leben hinaus will, der scheut blutige Nahrung und wählt nicht den Tod zu seinem Speisemeister.»

Arthur Schopenhauer (1788–1860, deutscher Philosoph): «Wer gegen Tiere grausam ist, kann kein guter Mensch sein.»
«Ein anderer, nicht wegzuerklärender und seine heillosen Folgen täglich manifestierender Grundfehler des Christentums ist, daß es widernatürlicherweise den Menschen losgerissen hat von der Tierwelt, welcher er doch wesentlich angehört, und ihn nur ganz allein gelten lassen will, die Tiere geradezu als Sachen betrachtend. Die bedeutende Rolle, welche im Brahmanismus und Buddhaismus durchweg die Tiere spielen, verglichen mit der totalen Nullität im Christentum, bricht diesem letzteren den Stab; so sehr man auch an solche Absurdität in Europa gewöhnt sein mag.»

Ralph Waldo Emerson (1803–1882, amerikanischer Dichter und Philosoph): «Sie haben soeben zu Mittag gegessen; und wie sorgfältig auch immer das Schlachthaus in einer taktvollen Entfernung von einigen oder vielen Kilometern verborgen sein mag – Sie sind mitschuldig.»

George Sand (1804–1876, französische Schriftstellerin): «Es wird ein großer Fortschritt in der Entwicklung der menschlichen Rasse sein, wenn wir Früchteesser werden und die Fleischesser von der Erde verschwinden. Alles wird möglich auf unserem Planeten von dem Augenblick an, wo wir die blutigen Fleischmahle und den Krieg überwinden.»

Richard Wagner (1813–1883, deutscher Komponist): «Ich weiß nicht, wie der Liebe Gott einmal mein Lebenswerk bewerten wird. In den letzten Wochen habe ich über fünfzig Partiturseiten vom ‹Parsifal› geschrieben und drei jungen Hunden das Leben gerettet. Warten wir ab, was gewichtiger auf die Waagschale drücken wird.»

Henry David Thoreau (1817–1862, amerikanischer Schriftsteller und Philosoph): «Ich hege keinen Zweifel darüber, daß es ein Schicksal des Menschengeschlechts ist, im Verlaufe seiner allmählichen Entwicklung das Essen von Tieren hinter sich zu lassen.»

Leo Tolstoi (1828–1910, russischer Schriftsteller): «Wenn der Mensch ernstlich und aufrichtig den moralischen Weg sucht, so ist das erste, wovon er sich abwenden muß, die Fleischnahrung. Denn abgesehen von der Aufregung der Leidenschaften, die durch diese Nahrung verursacht wird, ist dieselbe ganz einfach unsittlich, weil sie eine dem sittlichen Gefühl widersprechende Tat, das Morden, erfordert.»
«Fleischessen ist ein Überbleibsel der größten Rohheit; der Übergang zum Vegetarismus ist die erste und natürlichste Folge der Aufklärung. ... Vegetarismus gilt als Kriterium, an welchem wir

erkennen können, ob das Streben des Menschen nach moralischer Vollkommenheit echt und ernst gemeint ist.»
«Der Mensch kann leben und gesund sein, ohne daß er zu seiner Ernährung Tiere tötet. Wenn er also Fleisch ißt, ist er mitschuldig am Morde von Tieren, nur um seinem Geschmack zu schmeicheln. So zu handeln ist unmoralisch. Das ist so einfach und unzweifelhaft, daß es unmöglich ist, nicht beizustimmen. Aber weil die Mehrzahl noch am Fleischgenuß hängt, halten ihn die Menschen für gerechtfertigt und sagen lachend: ‹Ein Stück Beefsteak ist aber doch eine schöne Sache, und ich werde es heute mit Vergnügen zu Mittag essen.›»

Wilhelm Busch (1832–1908, deutscher Maler, Zeichner und Dichter): «Wahre menschliche Kultur gibt es erst, wenn nicht nur die Menschenfresserei, sondern jede Art des Fleischgenusses als Kannibalismus gilt.»

Émile Zola (1840–1902, französischer Schriftsteller): «Die Sache der Tiere steht höher für mich als die Sorge, mich lächerlich zu machen.»

August Bebel (1840–1913, Mitbegründer und Führer der deutschen Sozialdemokratie): «Offenbar tritt in dem Maße, wie die Kultur sich hebt, an die Stelle der Fleischkost die Pflanzenkost.»

Bertha Freifrau von Suttner (1843–1914, österreichische Schriftstellerin und Pazifistin; Friedensnobelpreisträgerin 1905): «Von hundert gebildeten und feinfühlenden Menschen würden schon heute wahrscheinlich neunzig nie mehr Fleisch essen, wenn sie selber das Tier erschlagen oder erstechen müßten, das sie verzehren.»
«Meiner Überzeugung nach wird auch einst die Zeit kommen, wo niemand sich wird mit Leichen ernähren wollen, wo niemand mehr sich zum Schlächterhandwerk bereit finden wird. Wie viele unter uns gibt es schon jetzt, die niemals Fleisch äßen, wenn sie selber das Messer in die Kehle der betreffenden Tiere stoßen müßten.»
«Wer die Opfer nicht schreien hören, nicht zucken sehen kann, dem es aber, sobald er außer Seh- und Hörweite ist, gleichgültig ist, daß es schreit und zuckt – der hat wohl Nerven, aber Herz hat er nicht.»

Peter Rosegger (1843–1918, österreichischer Schriftsteller): «Das Tier hat ein fühlendes Herz wie du. Das Tier hat Freude und Schmerz wie du. Das Tier hat einen Hang zum Sterben wie du. Das Tier hat ein Recht zu leben wie du.»

Friedrich Nietzsche (1844–1900, deutscher Philosoph): «Alle antike Philosophie war auf Simplizität des Lebens gerichtet und lehrte eine gewisse Bedürfnislosigkeit. In diesem Betracht haben die wenigen philosophischen Vegetarier mehr für die Menschen geleistet als alle neuen Philosophen, und solange die Philosophen nicht den Mut gewinnen, eine ganz veränderte Lebensweise zu suchen und durch ihr Beispiel aufzuzeigen, ist es nichts mit ihnen.»
«Die Vernunft beginnt bereits in der Küche.»

Thomas Alva Edison (1847–1931, amerikanischer Erfinder, unter anderem der Glühbirne, des Grammophons und des Mikrophons): «Ich bin sowohl Vegetarier als auch Antialkoholiker, weil ich so besseren Gebrauch von meinem Gehirn machen kann.»

Nikola Tesla (1856–1943, kroatisch-amerikanischer Physiker und Elektrotechniker): «Dem Anbau von Gemüse ist sicherlich der Vorzug zu geben, und ich denke, daß die vegetarische Lebensweise eine empfehlenswerte Abweichung von den bestehenden barbarischen Gewohnheiten ist. ... Viele Rassen, die fast ausschließlich von Gemüse leben, weisen eine hervorragende

Körperverfassung und Stärke auf. ... In Hinsicht auf diese Tatsachen sollte jede Anstrengung unternommen werden, das mutwillige und grausame Schlachten von Tieren zu beenden, das unsere moralischen Werte zerstören muß.»

George Bernard Shaw (1856–1950, irischer Dramatiker; Literaturnobelpreisträger 1925): «Tiere sind meine Freunde, und meine Freunde esse ich nicht!»

Rudolf Steiner (1861–1925, österreichischer Philosoph, Pädagoge und Naturwissenschaftler; Begründer der Anthroposophie): «Seiner Nahrung aus der Pflanzenwelt verdankt der Mensch, daß er hinaufblicken kann zu den großen Zusammenhängen der Dinge, die aus den engen Grenzen des persönlichen Seins entspringen. ... Überall, wo der Mensch frei und unbekümmert aus den großen Gesichtspunkten heraus Leben und Denken regelt, da verdankt er diesen Überblick seiner Nahrungsbeziehung zur Pflanzenwelt. ... Der Fortschritt wird darin bestehen, sich in der tierischen Nahrung zu beschränken auf dasjenige, was noch nicht von Leidenschaften durchglüht ist, wie Milch. Die Pflanzennahrung wird einen immer weiteren Raum einnehmen in der menschlichen Nahrung.»

Sven Hedin (1865–1952, schwedischer Asienforscher): «Ich habe es nie über mich bringen können, ein Lebenslicht auszulöschen, das aufs neue anzuzünden mir die Macht fehlt.»

Max Oskar Bircher-Benner (1867–1939, schweizerischer Arzt und Ernährungstherapeut; «Erfinder» des Birchermüesli): «Je mehr Raum die Fleischnahrung und die Reizmittel in der Kost einnehmen, desto geringer werden die Leistungen, die Tugend und die physischen Kräfte eines Volkes. In denjenigen Völkern aber, welche an einer ausschließlich oder vorwiegend pflanzlichen Kost festhalten, schlummert eine überraschende Entwicklungskraft.»

Mahatma Gandhi (1869–1948, indischer Politiker und Vertreter des gewaltlosen Widerstandes): «Ich glaube, daß geistiger Fortschritt an einem gewissen Punkt von uns verlangt, daß wir aufhören, unsere Mitlebewesen zur Befriedigung unserer körperlichen Verlangen zu töten.»
«Die Größe und den moralischen Fortschritt einer Nation kann man daran messen, wie sie die Tiere behandelt.»
«Die Vivisektion ist das schwärzeste aller schwarzen Verbrechen, deren der Mensch sich heute schuldig macht.»

Christian Morgenstern (1871–1914, deutscher Dichter): «Wenn der moderne Mensch die Tiere, deren er sich als Nahrung bedient, selbst töten müßte, würde die Anzahl der Pflanzenesser ins Ungemessene steigen.»

Albert Schweitzer (1875–1965, elsässischer Theologe, Musiker und Missionsarzt; Friedensnobelpreisträger 1952): «Meine Ansicht ist, daß wir, die für die Schonung der Tiere eintreten, ganz dem Fleischgenuß entsagen und auch gegen ihn reden. So mache ich es selber.»
«Ich gebe mir darüber Rechenschaft, daß die Gewohnheit, Fleisch zu essen, nicht mit erhabenen Gefühlen in Übereinstimmung steht.»

Albert Einstein (1879–1955, deutsch-amerikanischer Physiker; Nobelpreisträger 1921): «Nichts wird die Chance auf ein Überleben auf der Erde so steigern wie der Schritt zur vegetarischen Ernährung.»
«Rein durch ihre physische Wirkung auf das menschliche Temperament würde die vegetarische Lebensweise das Schicksal der Menschheit äußerst positiv beeinflussen können.»

Elly Ney (1882–1968, deutsche Pianistin): «Der Vegetarismus ist mir seit Jahrzehnten ein inneres Anliegen, und ich halte ihn für die naturgemäße Lebensweise des Menschen. ... Es ist mir unbegreiflich, daß nicht jeder Tierfreund zugleich Vegetarier ist.»

Franz Kafka (1883–1924, österreichisch-tschechischer Schriftsteller): «Nun kann ich euch in Frieden betrachten; ich esse euch nicht mehr.» (Bemerkung beim Betrachten von Fischen in einem Aquarium)

Eugen Roth (1895–1976, deutscher Schriftsteller): «Es denkt der Mensch, zufrieden froh: / Ich bin kein Schlächter, blutig roh; / doch da der Mensch kein Wurstverächter, / so trägt die Mitschuld er am Schlächter.»

Isaac Bashevis Singer (1904–1991, amerikanischer Schriftsteller; Literaturnobelpreisträger 1978): «Es wird oft gesagt, daß die Menschen schon immer Fleisch gegessen hätten, als ob dies eine Rechtfertigung dafür wäre, dies weiterhin zu tun. Gemäß dieser Logik dürften wir nicht versuchen, Menschen daran zu hindern, andere Menschen umzubringen, da dies auch schon seit jeher getan wurde.»
«Wir sind alle Gottes Geschöpfe. ... Des Menschen eigenes Verlangen nach Gerechtigkeit bleibt jedoch auf der Strecke, wenn er Tiere tötet, um sie zu essen. Denn der Mensch bittet Gott um Barmherzigkeit, ist aber selbst nicht bereit, sie zu gewähren. Mit welchem Recht erhofft er also Gottes Gnade? Es ist ungerecht und entbehrt jeglicher Konsequenz, etwas zu erwarten, das man selbst nicht gewillt ist zu geben.»
«Der Vegetarismus ist meine Weltanschauung. ... Ich bin und bleibe Vegetarier, auch wenn die ganze Welt plötzlich Fleisch essen würde. Dies ist mein Protest gegen den Zustand der Welt. Vegetarier zu sein bedeutet, nicht mitzumachen, sich gegen den aktuellen Lauf der Dinge zu stellen. Atomkraft, Hunger, Grausamkeit – wir müssen protestieren und Stellung beziehen. Der Vegetarismus ist meine Stellungnahme. Und ich halte sie für überzeugend.»

Luise Rinser (*1911, deutsche Schriftstellerin): «Heute sehen wir nichts mehr vom qualvollen Leben und Sterben des Schlachtviehs. Das geht automatisch vor sich. Eben noch ein Tier, im nächsten Augenblick schon zerteiltes Fleisch: unsre Nahrung. Unsre Art von Kannibalismus.»
«Hindus und Buddhisten essen kein Fleisch. Warum nicht? Weil sie wissen, daß auch im Tier ‹Atman› ist: der göttliche Hauch. Das Tier: eine Manifestation Gottes. ... Es wird lange dauern, bis die Menschheit begriffen hat, daß nicht nur die Völker der Erde *ein* Volk sind, sondern daß Menschen, Pflanzen und Tiere zusammen das ‹Reich Gottes› sind und daß das Schicksal des einen Bereichs auch das Schicksal des andern ist.»

5. Vegetarismus und die Weltreligionen

Barmherzigkeit und Mitgefühl gegenüber Schwächeren sind zwei grundlegende ethische Werte, die von sämtlichen Religionen der Welt hoch geachtet werden. Aber warum werden sie heutzutage nicht mehr auf die Tiere bezogen? Warum fordert keine der großen Religionen der Gegenwart von ihren Gläubigen, konsequent mit dem Schlachten und Essen von Tieren aufzuhören?

Wäre es nicht vernünftig anzunehmen, daß Gott, der nur das Beste für Seine Schöpfung will, für den Menschen die gewaltlose und gesunde vegetarische Ernährung vorsieht? Und doch wird das religiöse Prinzip des vegetarischen Lebens von den zeitgenössischen Großkirchen meist verkannt, ja oft sogar bewußt heruntergespielt oder geleugnet.

Der französische Dichter und Literaturnobelpreisträger Romain Rolland (1866–1944) bemerkte in diesem Zusammenhang einst: «Die Grausamkeit gegen die Tiere und auch schon die Teilnahmslosigkeit gegenüber ihren Leiden ist meiner Ansicht nach eine der schwersten Sünden des Menschengeschlechtes. Sie ist die Grundlage der menschlichen Verderbtheit. Wenn der Mensch so viel Leiden schafft, welches Recht hat er dann, sich zu beklagen, wenn auch er selbst leidet?»

Von den modernen religiösen Institutionen jedoch wird diese Sünde weder als solche angesehen noch bekämpft. Wenn wir allerdings die ursprünglichen Lehren der einzelnen Religionen betrachten, sehen wir, daß das Schlachten von Tieren nirgendwo gutgeheißen wurde, ja daß es sogar in vielen Religionen ausdrücklich verboten war.

Christentum

> *«Reiß nicht um der Speise willen das Werk Gottes nieder. ... Es ist nicht gut, Fleisch zu essen oder Wein zu trinken oder sonst etwas zu tun, wenn dein Bruder daran Anstoß nimmt.» (Römerbrief 14,20–21)*

Aus der frühchristlichen Geschichtsschreibung geht hervor, daß die ersten Heiligen und Kirchenlehrer in der direkten Nachfolge Jesu meist nur fleischlose Nahrung zu sich nahmen; einige Apostel werden sogar namentlich als Vegetarier erwähnt. Im Buch *Paedagogus* (II,1) des Clemens von Alexandrien (150–215) heißt es, daß der Apostel Matthäus «von Pflanzenspeisen lebte und kein Fleisch berührte». Der griechische Geschichtsschreiber Eusebios (264–339), Bischof von Caesarea, weist in seiner Kirchengeschichte (II 2,3) darauf hin, daß der Apostel und Evangelist Johannes ein überzeugter Asket und Vegetarier war. Und der Apostel Petrus bezeugt in den *Clementinischen Homilien* (XII,6): «Ich lebe von Brot und Oliven, denen ich nur selten ein Gemüse zufüge.»

Weitere Beispiele frühchristlicher Vegetarier sind Papias (65–130), Tertullian (160–222), Origenes (185–254), der heilige Cyprianus (200–258), der heilige Antonius

(251–356), der heilige Hieronymus (347–419) und der heilige Johannes Chrysostomos (344–407), um nur einige zu nennen.

Tertullian, der älteste lateinische Kirchenschriftsteller, teilte um das Jahr 200 die Christen sogar in zwei Gruppen auf: einerseits die «wahren Christen», die vegetarisch lebten, und andererseits die Fleischesser, die er als «Leiber ohne Seelen» bezeichnete. Und vom heiligen Basilius (330–379), Kirchenlehrer und Bischof von Caesarea, ist folgende Aussage überliefert: «Der Leib, der mit Fleischspeisen beschwert wird, wird von Krankheiten heimgesucht; eine mäßige Lebensweise macht ihn gesünder und stärker und schneidet dem Übel die Wurzel ab. Die Dünste der Fleischspeisen verdunkeln das Licht des Geistes.»

Wie der Fleischverzehr «christlich» wurde

Bis ins 4. Jahrhundert weisen die Spuren der frühchristlichen Gemeinden aus Palästina, Byzanz, Griechenland, Karthago und Alexandria (Ägypten) deutlich darauf hin, daß das Trinken von alkoholischen Getränken und das Essen von Fleisch weitgehend abgelehnt wurde. Sie bezogen ihr Wissen über die Lehren Jesu aus den zahlreichen damals zugänglichen heiligen Schriften. Die meisten dieser urchristlichen Dokumente wurden später jedoch vom «westlichen» Christentum, dem neuen Zweig mit Rom als Zentrum, ignoriert oder abgelehnt.

Die nach Rom abgewanderten Christen waren bereit, mit der nichtchristlichen römischen Lebensweise Kompromisse einzugehen, um den im ganzen Römerreich durchgeführten Christenverfolgungen zu entgehen und sich bei der Obrigkeit beliebt zu machen. Sie erlangten dadurch sogar die Gunst des damaligen Kaisers Konstantin (280–337), der sich in der Folge zum christlichen Glauben «bekehren» ließ. Konstantin, der nicht auf Fleisch und Wein verzichten wollte, entschied, daß die *römische* Form des Christentums die Religion für alle Bürger seines Reiches sein solle. Diesen folgenschweren Beschluß setzte er – wenn erforderlich – auch unter Gewaltanwendung durch.

Im Jahre 325 berief Konstantin das Konzil von Nicäa ein, bei dem gewisse Gelehrte (sogenannte *correctores*) beauftragt wurden, die zahlreichen frühchristlichen Dokumente über das Leben und die Lehren Jesu zu «sortieren» und zu «korrigieren». Nur vier der vielen ursprünglichen Zeugnisse wurden als Evangelien anerkannt und zu einem ersten Kanon zusammengefaßt, der jedoch durchaus nicht unumstritten war. Erst ein halbes Jahrhundert später (im Jahre 382) wurde eine mehrmals überarbeitete kanonische Textauswahl von Papst Damasus als «Neues Testament» anerkannt.

Der Theologe und Urchristentumforscher G. Ousley kommentiert diese vorsätzliche Änderung bzw. Verwässerung der Lehren Jesu wie folgt: «Alles, was diese *correctores* taten, war, daß sie mit peinlicher Sorgfalt die Evangelien um ganz bestimmte Lehren unseres Herrn beschnitten, denen sie (bzw. Konstantin) nicht zu folgen gedachten. Und zwar handelt es sich hierbei um jene Verbote, die sich gegen das Fleischessen, berauschende Getränke usw. richteten.» (*Evangelium der Heiligen Zwölf*, Vorwort)

Die ursprünglichen Christen, die weiterhin nach Jesu Geboten der Einfachheit, Barmherzigkeit und Gewaltlosigkeit lebten – und somit auch Fleisch und Alkohol wegließen –, die sich also nicht dem neuen Kirchentum unterordnen wollten, mußten sich vor ihren römischen «Glaubensbrüdern» verstecken, denn Konstantin duldete weder Ungehorsam noch Kritik. Es wird berichtet, daß er gefangene «abtrünnige» Christen hinrichten ließ, indem ihnen gemäß römischem Brauch heißes Blei in die Kehle gegossen wurde. Auf diese Weise begann sich die neue Form des Christentums unter dem Patronat des Kaisers Konstantin und seiner Nachfolger auszubreiten. Er wurde in der Folge von der römischen Kirche wie ein Heiliger verehrt, das Christfest wurde auf seinen Geburtstag (den 25. Dezember) verlegt, und man verschönte seine Lebensgeschichte durch zahlreiche Legenden.

Im Namen Jesu?

Aber nicht nur die Menschen hatten unter dieser willkürlichen Abänderung der Gesetze Gottes durch die kirchlichen Institutionen zu leiden, sondern auch die Tiere, die weiterhin überall ungehindert geschlachtet und gegessen werden durften.

Im Mittelalter verkündete Thomas von Aquin (1225–1274), dessen Ansichten im christlichen Abendland für Jahrhunderte maßgebend waren, das Töten der Tiere sei durch die Vorsehung erlaubt, denn Tiere hätten keine Seele. (Interessant ist in diesem Zusammenhang, daß er auch sagte, Frauen hätten keine Seele.) Eine Einzelmeinung aus dem dunklen Mittelalter? Nein, leider nicht. Später hieß es auch, die Indianer hätten keine Seele und die «Neger» hätten keine Seele, weshalb es den Christen offiziell erlaubt war, Indianer zu töten und Schwarze zu versklaven und mit ihnen genauso wie mit den Tieren Handel zu treiben, sie zu schinden und sie gegebenenfalls auch zu töten. Mit der gleichen Selbstverständlichkeit werden in christlichen Ländern bis zum heutigen Tage Tiere gequält, getötet und gegessen.

Bischof Machens von Hildesheim erklärte in seinem «Fastenbrief» vom 8.3.1949: «Tiere haben keine geistige Seele und kennen kein Fortleben nach dem Tode. Darum haben sie aber auch keinerlei Würde, auf die sie Rechte bauen könnten. Und in der Tat, Tiere haben keine Rechte. Sie haben keinen Anspruch auf Dasein und Gesundheit, auf Eigentum und guten Ruf.»

In einem Gespräch mit dem namhaften Theologen Dr. Heinrich Streithofen stellte die Zeitschrift *Deutsche Geflügelwirtschaft und Schweineproduktion* vom 26.10.1985 die Frage: «Einige Tierschützer behaupten, die Tiere hätten analog unseren menschlichen Grundrechten auch ein Grundrecht auf Leben. Was halten Sie davon?» Der Theologe antwortete: «Das ist Unsinn! Das ist weder rechtlich noch theologisch, noch philosophisch haltbar. ... Nur der Mensch ist Person. Dem Tier fehlt Personencharakter. ... In der Hinordnung des Tieres auf den Nutzen des Menschen läßt sich nicht nur seine Verwendung, sondern auch seine Tötung rechtfertigen oder seine Zucht.»

Und selbst Papst Johannes Paul II. erklärte im Jahre 1985 in einer Rede vor Biologen: «Es ist gewiß, daß die Tiere zum Nutzen des Menschen geschaffen wurden; das heißt, daß sie auch für Experimente benutzt werden können.» Dabei stützt er sich auf die folgende Aussage im derzeit gültigen Katechismus der katholischen Kirche, in dem die ausbeuterische Haltung gegenüber dem Tier offiziell gebilligt und gerechtfertigt wird: «Somit darf man sich der Tiere zur Ernährung und zur Herstellung von Kleidern bedienen. Man darf sie zähmen, um sie dem Menschen bei der Arbeit und in der Freizeit dienstbar zu machen. Medizinische und wissenschaftliche Tierversuche sind in vernünftigen Grenzen sittlich zulässig, weil sie dazu beitragen, menschliches Leben zu heilen und zu retten.» (Nr. 2417)

Es ist also nicht verwunderlich, daß es schon immer Stimmen gegeben hat, die von einem «Verrat der Christen an den Tieren» sprechen. «Was erwarten wir von einer Religion, wenn wir das Mitleid mit den Tieren ausschließen?», fragte sich mit Recht Richard Wagner (1813–1883), Komponist und Vegetarier, bereits im letzten Jahrhundert.

Fleischessen und die heutige Bibel

Was aber sagt die Bibel zum Thema Fleischessen? Die verschiedenen Ausgaben der Kirchenbibel stützen sich auf den *Codex Sinaiticus,* den ältesten Bibeltext, der heute noch verwendet wird. Dieser Text ist in griechischer Sprache abgefaßt und stammt aus dem vierten Jahrhundert nach Christus, das heißt also aus der Zeit *nach* Kaiser Konstantins Konzil von Nicäa! Frühere Bibeloriginale sind heute offiziell nicht mehr verfügbar. Andere anerkannte Bibeltexte, wie der *Codex Vaticanus* und der *Codex Alexandrinus,* wurden noch später verfaßt und sind, wie auch schon der *Codex Sinaiticus,* nur kirchliche Übersetzungen und Abschriften von Abschriften.

Es ist also nicht verwunderlich, daß uns heute nur noch Bruchstücke der ursprünglichen Lehren Jesu Christi erhalten sind, gerade auch in bezug auf die menschliche Ernährung. Da uns in dieser Frage die schlüssigen Aussagen Jesu nicht mehr bekannt sind, erübrigen sich Diskussionen über die Ernährungsweise Jesu, wenn man sich ausschließlich auf das heutige Neue Testament stützen will.

Auch das *Alte Testament* macht, oberflächlich betrachtet, keine klaren Aussagen, sondern enthält sich widersprechende Anweisungen. Gewisse Textstellen gebieten dem Menschen eine vegetarische Ernährung, wohingegen andere das Fleischessen und Tieropfer erlauben. Bei einer genaueren Untersuchung jedoch muß man erkennen, daß der fleischlosen Ernährung eindeutig der Vorzug gegeben wird.

Im 1. Buch Mose findet man eine gewisse Erlaubnis zum Fleischessen («Alles Lebendige, das sich regt, soll euch zur Nahrung dienen», *Gen.* 9,3), aber diese bezog sich auf die Zeit *nach der Sintflut,* als sämtliches Ackerland fortgespült war. Anstatt sich willkürlich auf diesen Notbehelf zu berufen (man müßte dann konsequenterweise auch die in 9,6 geforderte Todesstrafe annehmen!), täte man besser daran, sich an die *ursprüngliche Anweisung Gottes* zu halten, die man auf der ersten Seite der Bibel finden kann: «Gott sprach: Hiermit übergebe ich euch alle Pflanzen auf der ganzen Erde, die Samen tragen, und alle Bäume mit samenhaltigen Früchten. Euch sollen sie zur Nahrung dienen.» (*Gen.* 1,29)

Im übernächsten Vers bestätigt Gott, daß diese Art der Ernährung «sehr gut» sei, wohingegen die andere, die Er später erwähnt (diejenige mit Fleisch), nur erlaubt sei zur Befriedigung der unersättlichen Lust des Menschen – eine Ernährungsweise, die «Furcht und Schrecken ... auf alle Tiere der Erde, auf alle Vögel des Himmels, auf alles, was sich auf der Erde regt, und auf alle Fische des Meeres» legen werde. (*Gen.* 9,2)

Das vielzitierte Beispiel mit den Wachteln im 4. Buch Mose macht diesen Punkt noch klarer. Nachdem das Volk Israel auf seiner Wüstenwanderung des Manna, des Himmelsbrotes, überdrüssig geworden war und nach Fleisch verlangte, geschah es, daß Gott Wachteln vom Himmel regnen ließ, worauf das Volk diese gierig einsammelte und in einem großen Festmahl verzehren wollte (beschrieben in *Num.* 11,31–32).

Um jedoch der ganzen Geschichte gerecht zu werden, muß man den darauffolgenden Vers ebenfalls berücksichtigen: «Sie hatten aber das Fleisch noch zwischen den Zähnen, es war noch nicht gegessen, da entbrannte der Zorn des Herrn über das Volk, und der Herr schlug das Volk mit einer bösen Plage.» (*Num.* 11,33) Mit anderen Worten: Gott gefiel es ganz und gar nicht, daß die Menschen das Fleisch der Wachteln aßen.

Hierzu schrieb der heilige Hieronymus (347–419), Kirchenvater von Bethlehem: «Der Gebrauch des Weines hat mit dem Fleischessen angefangen nach der Sintflut. Der Verzehr von Tierfleisch war bis zur Sintflut unbekannt, aber seit der Sintflut hat man uns die Fasern und die übelriechenden Säfte des Tierfleisches in den Mund gestopft. ... Jesus Christus, welcher erschien, als die Zeit erfüllt war, hat das Ende wieder mit dem Anfang [*Gen.* 1,29] verknüpft, so daß es uns jetzt nicht mehr erlaubt ist, Tierfleisch zu essen.»

Johannes der Täufer

Namhafte Diener und Geweihte Gottes lehnten es daher durch alle Zeiten ab, das Fleisch getöteter Tiere zu essen. Man erweist sich selbst und diesen großen Persönlichkeiten einen schlechten Dienst, wenn man versucht, ihnen zu unterstellen, auch sie hätten Fleisch gegessen. Aber leider wurde derlei bereits seit dem 4. Jahrhundert nicht nur mit Jesus Christus und seinen Anhängern versucht, sondern auch mit seinem wichtigsten Vorboten, Johannes dem Täufer: «Johannes trug ein Gewand aus Kamelhaar und einen ledernen Gürtel um seine Hüften; Heuschrecken und wilder Honig waren seine Nahrung», kann man in *Mt.* 3,4 nachlesen.

Hier sehen wir ein klassisches Beispiel für eine manipulierte Übersetzung. Wer kann glauben, daß der erhabene Johannes der Täufer, von dem sich sogar Jesus taufen ließ, Heuschrecken aß? Mit den vermeintlichen «Heuschrecken» (lat. *locusta*) sind die Früchte des Lokustbaumes (sogenannter «Heuschreckenbaum» oder Courbaril) gemeint. In Palästina gehören die Früchte des Lokustbaumes, die Karoben, zu den wichtigsten Nahrungsmitteln, und *weil* sich auch Johannes der Täufer davon ernährte, nennt man diese süßen, bohnenartigen Hülsenfrüchte bis zum heutigen Tag «Johannisbrot»! Und überall, wo diese blütentragenden Bäume wachsen, gibt es auch wilden Honig. Darin, und nicht in Tierfleisch, besteht die Nahrung großer heiliger Persönlichkeiten, wie dies von den Propheten des Alten Testaments vorausgesagt wird («Butter und Honig wird er essen ...», *Jes.* 7,15).

Hoffnungsschimmer

Glücklicherweise gibt es auch immer wieder gläubige Christen und sogar Theologen, die die biblischen Gebote «Du sollst nicht töten!» und «Liebe deinen Nächsten wie dich selbst!» nicht nur auf den Menschen beschränken und die sich auf der Grundlage der christlichen Lehren für die vegetarische Ernährungsweise entschieden haben und sich auch dafür einsetzen.

Stellvertretend für sie alle seien hier zwei Beispiele angeführt, die uns hoffen lassen. Prof. Erich Grässer, Ordinarius für Neues Testament an der Universität Bonn, erklärte in einer Ansprache zum Thema «Kirche und Tierschutz»: «Wenn einst die Geschichte unserer Kirche geschrieben wird, dann wird das Thema ‹Kirche und Tierschutz› im 20. Jahrhundert darin ein ebenso schwarzes Kapitel darstellen wie einst das Thema ‹Kirche und Hexenverbrennung› im Mittelalter....

Was wir heute erleben, ist ein mit dem Rechenstift ausgeklügeltes schreckliches Höllenspiel, in dem wir unsere Nutztiere in der Massentierhaltung zu Tiermaschinen herabstufen. Die Übermenge an Eiern, Fleisch und Butter, die die westlichen Wohlstandsgesellschaften auf diese Weise produzieren, ist mit menschenunwürdiger Tierquälerei bezahlt. Gegenüber dieser überall straflos praktizierten Ungeheuerlichkeit liest sich Albert Schweitzers Ethik der ‹Ehrfurcht vor dem Leben› wie eine Botschaft von einem anderen Stern. Und eine Kirche, die zu dem allem schweigt, erklärt damit den Bankrott ihrer Barmherzigkeitspredigt.

Dabei ist die Ethik der Ehrfurcht vor dem Leben biblisch. Die Bibel des Alten und Neuen Testaments ist voller Zeugnisse von Gottes Fürsorge für alle Geschöpfe. Weil das Gutsein zu den Tieren eine Selbstverständlichkeit ist, darum hat man das Zentrum des christlichen Glaubens, die Dahingabe des Lebens Jesu für die Sünden der Menschen, mit dem Bilde vom guten Hirten umschrieben: ‹Ich bin der gute Hirte, der gute Hirte läßt sein Leben für die Schafe.›»

Und der bekannte Paderborner Theologe und Psychotherapeut Eugen Drewermann erläuterte in einem Vortrag zur Friedenskultur in den Religionen (18. August 1991) die berühmte Zeile des «Vater Unser»-Gebetes, *Unser täglich Brot gib uns heute,* wie folgt:

«Gedenke auch unserer älteren Schwestern und Brüder, der Tiere. Verbiete dem Menschen, Tiere zu töten, um sie zu essen. Denn auch sie sind fühlende Wesen, auch in ihnen wohnt die Sehnsucht nach Leben; unsere Weggefährten sind sie auf dem gemeinsamen Weg zur Unsterblichkeit.

Solange noch Menschen Tiere töten, werden sie auch Kriege führen. Solange Menschen Tiere essen, werden sie ihre unschuldigen Opfer zu Tode quälen: zu Hunderttausenden in den Labors und Massenzuchtanstalten, zu Millionen in den Schlachthöfen der Städte, zu Myriaden in den Weltmeeren. Ihr Blutstrom darf nicht länger mehr als Nahrung dienen, ihr Leib nicht länger mehr als Rohstoff, ihr Leben nicht länger mehr als Lebensmittel für uns Menschen. Verbiete uns, Herr, das tägliche Fleisch. Das tägliche Brot gib uns heute.»

Judentum

«Du, der du Erbarmen mit einem Lamm hast, sollst der Hirte meines Volkes Israel werden.» (Midrasch Rabbah, Exodus II,2)

Nicht nur die urchristlichen Kirchenväter der ersten Jahrhunderte nach Jesus nahmen kein Fleisch zu sich, sondern auch viele jüdische Mönchsorden vor und während Jesu Lebzeiten, wie beispielsweise die Essener und die Nazaräer.

In der Befolgung der ursprünglichen Gesetze Gottes (siehe die bereits zitierte Stelle *Gen.* 1,29, auch *Gen.* 3,18) lebte das Volk Israel ursprünglich zehn Generationen lang vegetarisch (von Adam bis Noah). Doch zu Zeiten Noahs begann ein erheblicher Niedergang der Moral. Es gab Tieropfer (*Gen.* 4,4), Tierhäute dienten als Kleidung (*Gen.* 3,21), und die Menschen fingen an, sich gegenseitig umzubringen (*Gen.* 4,8 und 4,23). In dieser Zeit erlaubte Gott, als Zugeständnis an die Zügellosigkeit und Verderbtheit seines Volkes, den Verzehr von Fleisch, machte allerdings deutlich, daß Ihm dies sehr mißfiel (*Num.* 11,33).

Beim Propheten Jesaja mahnt Gott in diesem Zusammenhang: «Was soll ich mit euren vielen Schlachtopfern? Die Widder, die ihr als Opfer verbrennt, und das Fett eurer Rinder habe ich satt; das Blut der Stiere, der Lämmer und Böcke ist mir zuwider. ... Wenn ihr eure Hände ausbreitet, verhülle ich meine Augen vor euch. Wenn ihr auch noch so viel betet, ich höre es nicht. Eure Hände sind voller Blut.» (*Jes.* 1,11 und 1,15) Könnte Gott Seinen Wunsch noch eindeutiger ausdrücken?

Nach zwei gescheiterten Versuchen, dem Volk Israel eine vegetarische Lebensweise vorzuschreiben, war Gott schließlich bereit, den Fleischverzehr zu erlauben, allerdings mit erheblichen Auflagen und Einschränkungen. So ist es in den jüdischen Schriften strikt verboten, «Fleisch mit Blut» zu essen (*Gen.* 9,4; *Lev.* 17,14, u.a.). Statt jedoch einfach das Fleisch gänzlich wegzulassen, führten jüdische Glaubenslehrer – gestützt auf die Erlaubnis, Fleisch ohne Blut essen zu dürfen – komplizierte Speisegesetze *(Kaschrut)* sowie Reinheitsregeln und Tötungsrituale *(Schechitah)* ein, um «koscheres» Fleisch zu bekommen. Diese tradierten Vorschriften und Rituale werden bis zum heutigen Tage kaum hinterfragt oder auf ihre Sinnhaftigkeit hin untersucht. So werden noch heute die Tiere geschächtet, das heißt, man zieht sie an ihren gefesselten Hinterbeinen in die Höhe, schneidet ihnen bei lebendigem Leib die Kehle auf und läßt sie langsam verbluten – eine äußerst brutale Tötungsmethode, die das Fleisch obendrein niemals 100% blutlos machen kann: Das flüssige Blut wird durch diese aufwendige Methode zwar aus den Arterien beseitigt, es verbleibt aber in den Kapillaren, den kleinsten Blutgefäßen, in verfestigter Form. Es gibt also kein blutloses Fleisch.

Es ist nicht schwer zu erraten, wofür solche Einschränkungen in Wirklichkeit gedacht sind: um dem Menschen letztlich klar zu machen, daß es besser ist, das Fleisch ganz wegzulassen, denn Vegetarier nehmen überhaupt kein Blut zu sich, und jede vegetarische Speise ist naturgegeben koscher. Die konsequente Anwendung der jüdischen Speisegesetze müßte also letztlich in den Vegetarismus münden, denn es ist offensichtlich, daß man die Tiere am effektivsten vor Schmerzen bewahrt, wenn man sie leben läßt.

Der namhafte jüdische Gelehrte Richard Schwartz argumentiert: «Kann eine Religion, die bestimmt, daß Ochse und Esel nicht zusammen eingesperrt werden dürfen (*Dtn.* 22,10), daß einem Ochsen beim Getreidedreschen kein Maulkorb angelegt werden darf (*Dtn.* 25,4) und daß Tiere auf offenen Feldern frei grasen sollen, um sich an der Schönheit der Schöpfung am Sabbath zu erfreuen (Rashis Kommentar zu *Ex.* 23,12) – kann eine solche Religion die weitverbreiteten Verstöße gegen *tsar-ar ba-ale chayim,* das Gebot, keiner lebenden Kreatur Schmerzen zuzufügen, ignorieren?» (in: *Judaism and Vegetarianism*)

Islam

«Wer gut zu den Kreaturen Gottes ist, ist gut zu sich selbst.»
(Hadith des Propheten Mohammed)

Nach der Tradition des Islam soll in Mekka, dem heiligen Geburtsort des Propheten Mohammed (570–632), kein Geschöpf Gottes geschlachtet werden, und es soll dort unter allen Lebewesen jederzeit vollendete Harmonie herrschen.

Ganz allgemein gibt es in der islamischen Tradition sehr viele und umfangreiche Äußerungen über die enge Verbundenheit von Mensch und Tier. Wir finden in den Lehren des *Koran* zahlreiche Textstellen, die von universaler Barmherzigkeit sprechen und die Gerechtigkeit für alle lebenden Wesen fordern. So heißt es zum Beispiel in der Sechsten Sure: «Kein Getier gibt es auf der Erde, keinen Vogel, der auf seinen zwei Schwingen dahinfliegt, die nicht Gemeinschaften wären gleich euch. Alle Geschöpfe Allahs sind seine Familie.» (6.39)

Obwohl der Islam nicht eine Religion ist, die offiziell den Vegetarismus propagiert, hielt Mohammed aus Tierliebe dieses ethische Ideal stets hoch, wie aus den überlieferten autoritativen Lebensbeschreibungen *(Hadith)* deutlich hervorgeht. So unterwies er beispielsweise seinen Sohn Ali einst wie folgt: «O Ali, enthalte dich für vierzig aufeinanderfolgende Tage des Fleischessens. Denn wenn du vierzig Tage hintereinander Fleisch ißt, wird dein Herz so hart wie Stein werden, und du wirst kein Mitgefühl mehr haben. Deshalb laß davon ab, jegliches Fleisch zu essen.» Auch seinen Schwiegersohn unterwies Mohammed bei verschiedenen Gelegenheiten in diesem Sinne. Allerdings konnte er, so heißt es, diese wertvolle Belehrung nicht jedem erteilen, denn viele hätten davon wohl nichts wissen wollen.

Mohammed selbst ernährte sich hauptsächlich von verdünnter Milch, Joghurt, Honig, Nüssen, Feigen, Datteln und anderen Früchten. Aus der Einsicht heraus, daß er das Tieretöten zum Zweck des Fleischessens nicht vollständig würde verbieten können, auferlegte er den Menschen absichtlich zahlreiche Einschränkungen, etwa in bezug auf die Anzahl der zu schlachtenden Tiere oder auf den Vorgang des Schlachtens. So müsse der

Schlächter dem Tier während des Tötens in die Augen sehen, und wenn er die Tränen in den Augen des Tieres sehe, solle er ebenfalls weinen. So werde er möglicherweise zur Einsicht kommen und fortan keine Tiere mehr töten wollen. Auf diese indirekte Weise versuchte Mohammed, die Menschen über den Sinn des gewaltfreien Lebens zu belehren, da sie anders nicht lernen konnten.

Gemäß der Hadith-Überlieferung begab es sich einst, daß Mohammed seine Schüler tadelte, weil sie kein universelles Mitgefühl zeigten. «Aber wir üben doch Mitgefühl», erwiderten diese, «– gegenüber unseren Frauen, Kindern und anderen Verwandten.» Der Prophet aber antwortete: «Davon habe ich nicht gesprochen. Ich spreche von universellem Mitgefühl.»

Auf der Grundlage dieses deutlichen Bekenntnisses der islamischen Lehre zu Mitgefühl und Gewaltlosigkeit gegenüber allen Geschöpfen Gottes gab es – ähnlich wie im Christentum und im Judentum – auch in den meisten islamischen Glaubensschulen immer wieder einzelne Gläubige, die sich für den Vegetarismus entschieden. (Vor allem im Sufismus, einem bekannten asketisch-mystischen Zweig des Islam, gilt die Abstinenz von Fleisch und von Alkohol als hohes religiöses Ideal und als Voraussetzung zur Verinnerlichung des Geistes und zur ekstatischen Gottesschau.)

Buddhismus

«Der Verzehr von Fleisch tötet den Keim der großen Barmherzigkeit mit allen Lebewesen.»
(Mahaparinirvana-sutra)

In seinen Lehren führte Buddha, «der Erleuchtete» (um 560–480 v. Chr.), das Prinzip des *Ahimsa* (Gewaltverzicht) und damit den konsequenten Vegetarismus als einen der fundamentalen Schritte auf dem Weg zur Selbsterkenntnis ein. In der Tat bestand eines seiner hauptsächlichen Anliegen darin, dem Laster der Tieropfer und des Fleischessens Einhalt zu gebieten. Noch heute ist die buddhistische Lehre für ihre Friedfertigkeit und Nächstenliebe berühmt – wenngleich längst nicht mehr alle Buddhisten Vegetarier sind.

In einem uralten Gedicht, angeblich dem einzigen Text, der je von Buddha selbst verfaßt wurde, heißt es: «Meine Liebe gehört den Kreaturen, die keine Füße haben; auch denen mit zwei Füßen, und ebenso denen, die viele Füße haben. Möge alles Geschaffene und Lebendige, mögen alle Wesen, welcher Art auch immer sie seien, nichts erfahren, wodurch ihnen Unheil droht. Möge ihnen niemals Böses widerfahren.»

Weitere Buddhaworte bestätigen diese Lehre des unbedingten Gewaltverzichts, vor allem in bezug auf die Ernährung: «Aus Liebe zur Reinheit sollte der erleuchtete Buddha-Anhänger dem Verzehr von Fleisch entsagen, da Fleisch letztlich nichts anderes ist als die Umwandlung von Blut und Samen. Auch aus Furcht, anderen Lebewesen Todesangst einzuflößen, sollte sich der erleuchtete Buddha-Anhänger, der durch Selbstdisziplin die Stufe des Mitgefühls zu erreichen sucht, den Fleischverzehr ablehnen.» *(Lankavatara-sutra)* «Der Grund für das Ausüben von Meditation und für das Streben nach Erleuchtung ist der Wunsch, den Leiden des Lebens zu entrinnen. Warum also sollten wir anderen Wesen Leid antun, während wir selbst versuchen, ihm zu entkommen? Solange ihr nicht imstande seid, euren Verstand soweit zu beherrschen, daß allein schon der Gedanke an Grausamkeit und Töten euch ein Greuel ist, wird es euch nicht gelingen, den Fesseln des weltlichen Lebens zu entrinnen.» *(Surangama-sutra)*

Heutzutage meinen manche Buddhisten, daß Fleisch dann verzehrt werden könne, wenn das Tier nicht speziell für ihren eigenen Genuß geschlachtet wurde. Einige Mönche behaupten sogar, daß sie Fleisch essen dürften, das ihnen als Almosen gespendet wurde, da sie auf diese Weise ja nicht selbst am Töten beteiligt seien. Solche Argumente werden von den Schriften allerdings klar zurückgewiesen. Im *Surangama-sutra* warnt Buddha: «Nach meinem Verscheiden werden überall verschiedenartige Geistwesen auftreten, die die Menschen in die Irre führen, indem sie lehren, daß man Fleisch essen dürfe und dennoch zur Erleuchtung gelangen könne. ...Wie aber kann ein Mönch, der andere zur Befreiung zu führen gedenkt, sich am Fleische lebendiger Geschöpfe laben?»

Und im *Lankavatara-sutra* erklärt er noch deutlicher: «Es stimmt nicht, daß das Fleischessen dann erlaubt ist, wenn das Tier nicht vom Fleischesser selbst getötet wurde, wenn dieser nicht den Auftrag dafür gab oder wenn das Fleisch nicht direkt für ihn bestimmt war. Es mag in Zukunft Menschen geben, die unter dem Einfluß ihres Verlangens nach Fleisch eine Vielzahl ausgeklügelter Argumente hervorbringen werden, um ihren Fleischverzehr zu rechtfertigen. ... Dennoch ist Fleischessen in jeder Form, unter allen Umständen und überall verboten – ohne Ausnahmen und ein für allemal. ... Das Verzehren von Fleisch habe ich niemandem erlaubt, erlaube ich niemandem und werde es auch fortan niemandem erlauben.»

Hinduismus

«Du sollst deinen von Gott gegebenen Körper nicht zum Töten von Gottes Geschöpfen gebrauchen – weder Mensch noch Tier, noch irgendein anderes Wesen.» (Yajur-Veda, 12.32)

Hinduismus ist der moderne Sammelbegriff für die zahlreichen aus Indien stammenden Philosophien und Glaubensströmungen, deren ursprüngliche Veda-Schriften über 5000 Jahre alt sind. Von allen großen Weltreligionen ist der Hinduismus nicht nur die älteste, sondern auch diejenige, unter deren Anhängern die meisten religiös motivierten Vegetarier zu finden sind. Die indische Kultur pflegte über Jahrtausende die ethischen Ideale des *Ahimsa* (Gewaltverzicht) und des Respektes vor allen Geschöpfen Gottes, womit auch eine vegetarische Ernährungsweise einherging. Erst durch den Einfluß des Islam (etwa ab 1200 n. Chr.) und des Christentums (etwa ab 1600 n. Chr.) wurde begonnen, im großen Stil Tiere zu töten und Fleisch zu essen. Doch obwohl heutzutage auch in Indien Schlachthöfe betrieben werden und Fleisch konsumiert wird, weist das Land noch immer den weltweit höchsten Vegetarieranteil auf.

Die verschiedenen ursprünglichen Gesetzessammlungen der vedischen Kultur, wie beispielsweise die *Manu-samhita*, enthalten klare Anweisungen bezüglich des Fleischessens: «Fleisch kann man sich nicht verschaffen, ohne anderen Lebewesen Gewalt anzutun. Deshalb sollte man den Verzehr von Fleisch vermeiden.» An einer anderen Stelle heißt es: «Bedenkt man die abscheuliche Herkunft von Fleisch und die Grausamkeit, die die Gefangenschaft und das Schlachten verkörperter Wesen mit sich bringt, dann sollte man sich des Fleischessens völlig enthalten.»

Ebenso deutlich äußern sich auch andere Veda-Schriften, wie etwa die berühmte *Bhagavad-gita,* in der Krishna (Gott) sagt: «Nahrung, die ohne Geschmack, faul und gegoren ist, und Nahrung, die aus Speiseresten und verunreinigten Dingen wie Fleisch besteht, wird von Menschen geschätzt, die sich in Unwissenheit befinden.» (*Bg.* 17.10)

Im folgenden Kapitel wollen wir diese vedischen Urtexte weiter zu Rate ziehen, denn ihre Aussagen sind insbesondere in bezug auf die karmischen Konsequenzen des Fleischkonsums höchst wertvoll und aufschlußreich.

6. Karma und Gottesbewußtsein

«Alles, was der Mensch den Tieren antut, kommt auf den Menschen wieder zurück.»
– Pythagoras

«Solange es Schlachthäuser gibt, wird es auch Schlachtfelder geben.»
– Leo Tolstoi

Wenn man sich die grundsätzliche ethische Frage stellt, ob der Mensch Tiere töten dürfe, und wenn man erkennt, daß die Antwort *nein* lautet, dann stellt sich eine logische nächste Frage: *Warum* ist dies dem Menschen nicht erlaubt, und was geschieht, wenn er es – so wie heute – trotzdem tut?

Während sich einige westliche Philosophien und Religionen nicht einmal im klaren darüber sind, ob Tiere auch ein Recht auf Leben haben oder ob sie vom Menschen folgenlos getötet werden können, finden wir in den Veda-Schriften des alten Indien auch in dieser Frage eindeutige und schlüssige Aussagen. Das Entscheidende, was in diesem Zusammenhang verstanden werden muß, ist das Thema des *Karma.*

Individuelles Karma

Das Sanskritwort *Karma* bedeutet wörtlich «Tat» oder «Handlung» (Aktion) und weist darauf hin, daß jede Handlung in dieser Welt verschiedene kurzfristige und langfristige Folgen (Reaktionen) verursacht. Jeder Mensch führt «Karma» (Handlungen) aus und untersteht somit dem *Gesetz des Karma,* dem Gesetz von Aktion und Reaktion, das für jede (gute oder schlechte) Handlung eine entsprechende zukünftige (gute oder schlechte) Konsequenz festsetzt. Wenn man vom Karma einer Person spricht, meint man damit also die «vorausbestimmten Reaktionen auf eine nach freiem Willen ausgeführte Handlung».

Das Gesetz des Karma ist nicht bloß eine östliche Theorie, sondern ein Naturgesetz, das genauso unvermeidlich wirkt wie das Gesetz der Zeit oder das Gesetz der Schwerkraft. Auch in der Bibel wird dieses Gesetz an zahlreichen Stellen erwähnt: «Täuscht euch nicht: Gott läßt keinen Spott mit sich treiben; was der Mensch sät, wird er ernten.» (*Gal.* 6,7) «Richtet nicht, damit ihr nicht gerichtet werdet! Denn wie ihr richtet, so werdet ihr gerichtet werden, und nach dem Maß, mit dem ihr meßt und zuteilt, wird euch zugeteilt werden.» (Bergpredigt Jesu, *Mt.* 7,1–2)

Auf jede Aktion, die der Mensch ausführt, folgt also gemäß göttlichem Gesetz eine entsprechende Reaktion. Dies gilt nicht nur im Bereich des Physikalischen (gemäß dem Dritten Axiom der klassischen Mechanik nach Isaac Newton), sondern in jeglichem Bereich menschlichen Tuns. So fallen auch die Schmerzen und Leiden, die wir anderen Lebewesen zufügen, früher oder später auf uns zurück.

Grundlegend für das Verständnis des Karma-Gesetzes ist die Erkenntnis, daß alle Lebewesen beseelt sind, das heißt, daß sie alle unsterbliche spirituelle Seelen sind, die in vergänglichen Körpern weilen, um in dieser Welt bestimmte Erfahrungen zu sammeln und bestimmte Aufgaben zu erfüllen. In der bereits erwähnten heiligen Schrift *Bhagavad-gita* wird beschrieben, daß die spirituelle Seele die Quelle des Bewußtseins ist, welches den gesamten Körper durchdringt und ihn überhaupt erst lebensfähig macht. Wenn die Seele den Körper verläßt oder verlassen muß, spricht man von «Tod». Einer Seele vorzeitig ihren gegenwärtigen Körper zu zerstören, wie das beim Tieretöten der Fall ist, ist für den Menschen deshalb eine nicht folgenlose Untat.

Obwohl alle Lebewesen beseelt sind, hat die Seele einzig in der menschlichen Lebensform die Freiheit des *bewußten Entscheidens.* Mit dieser Freiheit trägt der Mensch jedoch auch die *Verantwortung* für all das, was er tut, und untersteht in seinem Handeln somit dem Gesetz des Karma. Deshalb darf von einem Menschen erwartet werden, daß er die höheren Prinzipien des Lebens – wie beispielsweise das Karma-Gesetz und die ethische Aufforderung des Gewaltverzichts – versteht und danach handelt, denn «Nicht-wissen-Wollen schützt vor Konsequenzen nicht».

Diese Einsicht macht auch die vielgehörte Ausrede bedeutungslos, auch die Tiere würden schließlich andere Tiere töten und deren Fleisch essen, um zu überleben. Erstens gilt dies bei weitem nicht für alle Tiere, und zweitens ist damit noch lange nicht gesagt, daß der höher entwickelte Mensch deshalb ebenfalls das Recht habe, für seine Ernährung Tiere zu töten – zumal er dies, wie aus den früheren Kapiteln deutlich geworden ist, für sein Überleben überhaupt nicht benötigt. Gerade der Mensch ist aufgefordert, ethische und göttliche Prinzipien über seine kurzsichtige Genußsucht zu stellen. *Dadurch* kann er seine «Überlegenheit» gegenüber dem Tier zum Ausdruck bringen, und nicht indem er es gewissenlos ausbeutet und abschlachtet.

Das richtige Verständnis des Karma-Gesetzes deckt somit die weitreichenden Folgen des Tieretötens auf: Auch wer das Tier nicht selbst tötet, sondern diese Arbeit dem professionellen Schlächter überläßt, schneidet sich ins eigene Fleisch. Denn gemäß dem Karma-Gesetz bekommen alle Beteiligten – derjenige, der das Tier züchtet, der es tötet, der das Fleisch verkauft, der es kocht, der es serviert und der es ißt – entsprechende Karma-Reaktionen.

Kollektives Karma und die Weltsituation

Aber das Gesetz des Karma gilt nicht nur *individuell,* sondern auch *kollektiv,* das heißt, es gilt auch in bezug auf die guten und schlechten Handlungen, die eine ganze Gruppe von Menschen (Familie, Gemeinde, Nation, ja die Bevölkerung eines gesamten Planeten) gemeinsam ausführt oder toleriert. Wenn die Menschen kollektiv sicherstellen, daß die Schöpfungsgesetze eingehalten werden, profitiert die gesamte Gesellschaft. Wenn jedoch eine Gesellschaft ungöttliche, ungerechte und gewalttätige Handlungen fördert oder zuläßt, wird sie unter den entsprechenden kollektiven Karma-Reaktionen zu leiden haben, was sich beispielsweise durch Kriege, Naturkatastrophen, Seuchen oder Epidemien äußern kann.

Viele Menschen fürchten sich heute vor einem Krieg, aber gleichzeitig lassen sie es zu, daß Tag für Tag in Schlachthöfen, Mastfabriken und Tierversuchslaboratorien auf der ganzen Welt mindestens ebenso grauenvolle Massaker durchgeführt werden – und erkennen nicht, wie eng diese Gewaltaktionen miteinander verbunden sind.

Wer diese Zusammenhänge versteht, wird angesichts der heutigen Weltsituation sehr nachdenklich werden. Denn obschon der Verzehr von Fleisch im deutschsprachigen Raum seit Ende der achtziger Jahre etwas zurückgegangen ist, steigt trotz aller Warnrufe der *weltweite* Fleischkonsum immer mehr an. Die Statistiken besagen, daß sich in den Industrienationen der jährliche Pro-Kopf-Fleischverzehr seit dem Zweiten Weltkrieg fast verdoppelt hat, und in den vergangenen Jahren sind die westlichen Fleischkonzerne auch in den geöffneten Ostblock eingedrungen, um vom neuen, hungrigen Markt zu profitieren. Mit irreführenden und falschen Werbesprüchen wie «Fleisch ist ein Stück Lebenskraft» oder «Fleisch ist gesund» werden die Konsumenten zum Fleischverzehr animiert, neue Mastbetriebe und Schlachthöfe werden mit staatlicher Hilfe aus dem Boden gestampft, und immer neue Länder werden von den Fleisch- und Hamburger-Multis heimgesucht. (Das Milliardenvolk der Chinesen ist das neuste Zielpublikum.) Auf diese Weise vergrößert sich die globale Last des kollektiven Karma von Jahr zu Jahr.

Die Macht des einzelnen Menschen

Was aber können wir als Einzelpersonen angesichts dieser vermeintlichen Übermacht tun? – Nun, wir können bei uns selbst beginnen!

Es ist heute dringender denn je notwendig, daß jeder einzelne Mensch seine Ernährungsweise reiflich überdenkt und einsieht: Das Essen von Fleisch ist nicht bloß eine Privatsache! Zu groß sind die Schäden, die dadurch angerichtet werden – für die eigene Gesundheit, für die Tiere, für die Umwelt, ja für den gesamten Planeten. Niemand darf sich Hoffnungen machen, daß die wachsenden Weltprobleme gelöst werden können, solange wir als einzelne nicht bereit sind, unseren eigenen Lebensstil zu ändern – und vegetarisch zu leben ist ein erster konstruktiver Schritt in diese Richtung.

Das Gesetz des Karma läßt uns nicht nur die drohenden globalen Reaktionen des Fleischessens erahnen, sondern es zeigt uns zugleich auch den praktischen Ausweg. Denn selbst wenn unser persönliches Umsteigen auf die vegetarische Lebensweise weltweit nicht viel zu ändern scheint, ändert dieser Schritt doch sofort unser *individuelles* Karma! Und das kollektive Karma ist nichts anderes als die Summe der gesamten individuellen Karma-Reaktionen aller Menschen. So reduziert jede einzelne zusätzliche Person, die nicht mehr die selbstmörderische Entwicklung der heutigen Zeit unterstützt, auch das kollektive schlechte Karma, das über der heutigen Menschheit schwebt.

Dies ist der große Beitrag, den jeder einzelne von uns für sich und für die Welt leisten kann: diesen wichtigen Schritt – vegetarisch leben – zu vollziehen!

Vegetarismus und Gottesbewußtsein

Das Gesetz des Karma erklärt auch die eigentliche Ursache der vielfältigen Gefahren, die heute die Menschheit bedrohen: das unwissende und gottlose Handeln der einzelnen Menschen und der verantwortungslosen Regierungen.

Die leidende Mutter Erde wankt nicht unter der zu großen Anzahl Menschen, sondern unter der zu großen Anzahl Menschen, die sich falsch verhalten. Gesundheit, Gerechtigkeit, Friede und eine lebenswerte Zukunft bleiben Utopie, wenn nicht etwas unternommen wird, um die Handlungen, die schlechtes kollektives Karma nach sich ziehen, einzudämmen. Die Wissenschaftler, die Politiker und auch die Vertreter der großen religiösen Institutionen haben darin offensichtlich versagt, denn ihnen scheint das Wissen über die höheren Naturgesetze und über Gott, den Schöpfer der Natur, verlorengegangen zu sein.

Die Quellen jedoch, die uns das Wissen über Karma offenbaren – wie die Veda-Schriften des alten Indien –, weisen auch einen konkreten Weg zur Lösung, indem sie den Menschen in Kenntnis davon setzen, was die Gesetze Gottes genau sind und wie man sie gemäß Ort, Zeit und Umständen befolgen kann.

Die Veda-Schriften bezeichnen die gegenwärtige Zeit als *Kali-yuga,* als ein «Zeitalter von Streit und Heuchelei». Sie prophezeien, daß sich die Reichtümer der Erde aufgrund der ungöttlichen Machenschaften der Menschen im Verlauf des Kali-Zeitalters immer mehr vermindern werden, so daß die Menschen gezwungen sein werden, den ganzen Tag hart zu arbeiten, nur um einen Platz zum Schlafen und etwas zu essen zu bekommen. Das bewahrheitet sich heute: Die meisten Menschen scheinen für nichts anderes mehr Zeit zu haben als fürs Essen, Schlafen, Arbeiten und Sicherholen von der Arbeit. Kaum jemand findet mehr die innere und äußere Ruhe, sich mit den höheren Fragen des Lebens, mit Ethik, Philosophie und Religion, zu beschäftigen. Doch genau dies wäre die eigentliche Aufgabe des Menschen, der ja – im Gegensatz zum Tier – für jede Handlung in seinem Leben selbst verantwortlich ist.

Die Lösung ist also nicht einfach nur der Vegetarismus, sondern ein natürlicher, gottesbewußter Lebensstil, der als logische Folge den Vegetarismus miteinschließt. Über die vegetarische Ernährung hinaus beinhaltet dieser angestrebte Lebensstil auch die Entwicklung eines grundlegenden individuellen und kollektiven Bewußtseinswandels, wie er heute zwar allerorts gefordert, leider aber nicht einmal von allen Forderern selbst vollzogen wird. Ein solcher grundlegender Bewußtseinswandel des Menschen kann nämlich nur dann beständig sein und den streitsüchtigen, gewalttätigen Charakter des gegenwärtigen Zeitalters überwinden, wenn er um das gemeinsame Zentrum aller Menschen und aller Lebewesen – Gott – gedeiht.

Die *Bhagavad-gita* gibt uns in diesem Zusammenhang den folgenden einfachen Ratschlag: Wir sollten versuchen, jede unserer Tätigkeiten in Dankbarkeit und Liebe Gott zu weihen. Dieses Prinzip kann in allen Lebensbereichen angewandt werden, auch in bezug auf das Essen. Da uns Gott durch Seine Schöpfung die Nahrung zur Verfügung stellt, sollten wir alles, was wir essen, zuerst dem Schöpfer mit Liebe und Hingabe darbringen, sei es durch ein kleines, aufrichtiges Gebet oder sei es durch entsprechende Weihrituale, wie sie in jeder religiösen Tradition zu finden sind.

Wenn Sie, verehrte Leserin und verehrter Leser, sich nun angeregt fühlen, selbst vegetarisch zu leben und mehr über den empfohlenen Bewußtseinswandel zu erfahren, dann hat die vorliegende Broschüre ihren Zweck erfüllt.

Wir danken Ihnen von Herzen für diesen Beitrag und freuen uns gemeinsam mit Ihnen auf eine bessere, gewaltfreiere und göttlichere Zukunft.

Anhang: Weiterführende Literatur

Bücher über Vegetarismus

Studien mit Vegetariern – Ernährung, Gesundheit, Lebenserwartung
2. Auflage 1993; Bezug beim Vegetarier-Bund Deutschland, Hannover.

Fleisch – Symbol der Macht
Nick Fiddes; Verlag Zweitausendeins, Frankfurt/Main 1993.

Vegetarier-Handbuch – Praktisches und Besinnliches für frischgebackene Vegetarier/innen
Bernd Höcker; Höcker-Verlag, Hamburg 1995.

Leichenschmaus – Ethische Gründe für eine vegetarische Ernährung
Helmut F. Kaplan; rororo-Verlag, Reinbek 1993.

Warum ich Vegetarier bin – Prominente erzählen
Helmut F. Kaplan; rororo-Verlag, Reinbek 1995 (vergriffen).

Tiere als Ware – gequält, getötet, vermarktet
Manfred Karremann / Karl Schnelting; Fischer TB-Verlag, Frankfurt/Main 1993 (vergriffen).

Vegetarische Ernährung – Eine wissenschaftliche Darstellung
Claus Leitzmann / Andreas Hahn; UTB-Verlag, Stuttgart 1996.

Fleisch ... oder die Folgen einer unbewußten Eßgewohnheit
Axel Meyer; Taoasis-Verlag, Lemgo 1993.

Abschied vom Fleisch – Jugendliche informieren über Motive ihres Konsumboykotts
Axel Meyer; Taoasis-Verlag, Lemgo 1995.

Ernährung für Mensch und Erde – Grundlagen einer neuen Ethik des Essens
Christian Opitz; Hans-Nietsch-Verlag, Waldfeucht 1995.

Zehn Gründe, kein Fleisch mehr zu essen
Volker Elis Pilgrim; rororo-Verlag, Reinbek 1992 (vergriffen).

Ernährung für ein neues Jahrtausend
John Robbins; Hans-Nietsch-Verlag, Waldfeucht 1995.

Die Erde bewirtet euch festlich – Vegetarismus und die Religionen der Welt
Steven Rosen; Adyar-Verlag, Satteldorf 1992.

Die vegetarische Alternative – 50 gute Gründe, weniger Fleisch zu essen
Victor S. Sussmann; Hans-Nietsch-Verlag, Waldfeucht 1996.

Why You Don't Need Meat
Peter Cox; Bloomsbury Publishing, London 1992.

Vegetarianism: The Philosophy Behind The Ethical Diet
Daniel A. Dombrowski; Thorsons Publishers, Wellingborough (GB) 1985.

Vegetarische Kochbücher

Vedische Kochkunst – Die erlesensten Gerichte der vegetarischen Küche Indiens
Adiraja Dasa; The Bhaktivedanta Book Trust, Vaduz 1987.

Ayurveda – Die Kunst des Kochens (vollwertig und individuell)
Petra und Joachim Skibbe; Pala-Verlag, Darmstadt 1999.

Backen nach Ayurveda – Kuchen, Torten & Gebäck (eifrei und vollwertig)
Petra und Joachim Skibbe; Pala-Verlag, Darmstadt 1997.

Backen nach Ayurveda – Brot, Brötchen & Pikantes (vollwertig und individuell)
Petra und Joachim Skibbe; Pala-Verlag, Darmstadt 1998.

Vegetarisch kochen – indisch
Yashoda Aithal; Pala-Verlag, Darmstadt 1994.

Multi Kulti – Die besten vegetarischen Rezepte aus aller Welt
Vicki Jackson; Hans-Nietsch-Verlag, Waldfeucht 1996.

Köstliche Lebenskraft – 235 Rezepte aus der Rohkostküche
Andrea Opitz; Hans-Nietsch-Verlag, Waldfeucht 1995.

Veganissimo – So kochen Prominente vegetarisch
PETA; Hans-Nietsch-Verlag, Waldfeucht 1997.

Gesunde Ernährung für mein Kind
Maren Bustorf-Hirsch; Falken-Verlag, Niedernhausen 1996.

Kinderernährung lebendig und schmackhaft
Urs Hochstrasser-Maharaj; Hans-Nietsch-Verlag, Waldfeucht 1995.

Vollwert-Eis selbstgemacht – ohne tierisches Eiweiß
Nick Nossem; Pala-Verlag, Darmstadt 1996.

The Art of Indian Vegetarian Cooking
Yamuna Devi; Bala Books, Old Westbury, NY (USA) 1987.

Great Vegetarian Dishes – Over 240 recipes from around the world
Kurma Dasa; Bhaktivedanta Book Trust, Botany (Australia) 1990.

Bitte beachten Sie auch die weiterführenden Bücher des Govinda-Verlages, die auf den folgenden Seiten vorgestellt werden.

KARMA UND DIE WELTSITUATION

Armin Risi

MACHTWECHSEL
AUF DER ERDE

Die Pläne der Mächtigen, globale Entscheidungen und die Wendezeit.

ISBN 3-906347-44-3
608 Seiten, gebunden; 44,–

Die Weltlage aus multidimensionaler Sicht! Dieses Buch ist eine enthüllende Expedition in die dunkelsten Tiefen der Weltgeschichte, in die lichtvollste Zukunft des Erdplaneten und in unser eigenes Innerstes.

Tom H. Smith / Savitri Braeucker

MUTTER ERDE
WEHRT SICH

Prophezeiungen zur Lage des Planeten.

ISBN 3-906347-36-2
2. Auflage, 274 Seiten, gebunden; 36,–

Aufrüttelnde Informationen über kommende Erdveränderungen, über die Zukunft der Menschheit und über die Kraft der Liebe, des freien Willens und des Massenbewußtseins. Ein Buch, das uns hilft, einer bewegten Zukunft ohne Angst und Ohnmacht entgegenzugehen.

Susanne Osswald / Karl Schnelting

DEIN WILLE
GESCHEHE JETZT!

Die Menschheit vor der globalen Transformation.

ISBN 3-906347-40-0
2. Auflage, 280 Seiten, gebunden; 38,–

Botschaften von Lichtwesen aus hohen und höchsten Dimensionen, die nicht nur einzigartige Perspektiven, Enthüllungen und Prophezeiungen enthalten, sondern auch eine lebendige Quelle von Kraft und Inspiration sind.

ALTERNATIVE WELTBILDER

Ronald Zürrer

EINBLICKE

Eine Auswahl aus zehn Jahren Govinda-Verlag.

ISBN 3-906347-46-X
322 Seiten, Taschenbuch; 14,80

Dieses Jubiläumsbuch zum zehnjährigen Bestehen des Govinda-Verlages präsentiert eine Auswahl aus den wichtigsten Veröffentlichungen. Mit Beiträgen von: Savitri Braeucker • Astaratha Dasa • Susanne Osswald und Karl Schnelting • Armin Risi • Werner E. Risi • Tom H. Smith • Bruno Würtenberger • Ronald Zürrer.

Ronald Zürrer

WEG NACH INNEN

Ausgewählte Vorträge und Essays.

ISBN 3-906347-16-8
440 Seiten, Taschenbuch; 19,80

Die für dieses Buch ausgewählten Vorträge und Essays behandeln Themen wie: • Gut und Böse • Reinkarnation und Karma • Prophetie und Wahrsagerei • Astrologie • Ufos • Heilsein in einer unheilen Welt • Hermann Hesses «Siddhartha» • Das Zeit-Phänomen • Das Spiel des Lebens.

Werner E. Risi

DIE KANADA-AUSWANDERUNG

Zeitreise ins Kali-yuga.

ISBN 3-906347-33-8
280 Seiten, Taschenbuch; 19,80

Eine Kanada-Auswanderung wird zu einer schockierenden Reise in die eigene Zukunft. Denn was sich in Europa anbahnt, ist in der «Neuen Welt» bereits in vollem Gang: die Monopolisierung der Macht, die systematische Zerstörung des Mittelstandes sowie die materielle und geistige Verarmung der Mehrheit. Eine zukunftschau-rige Erzählung, die nicht utopisch, sondern entlarvend aktuell ist.

VEGETARISCHE KOCHBÜCHER

Adiraja Dasa

VEDISCHE KOCHKUNST

Die erlesensten Gerichte der vegetarischen Küche Indiens.

ISBN 91-7149-087-6
312 Seiten, zahlreiche farbige Abbildungen; 43,–

Entdecken Sie die exotische Vielfalt der vedischen Kochkunst! Hier finden Sie unbegrenzte neue Möglichkeiten für die vegetarische Küche. (Mit 133 Rezepten und kleinem Gewürzlexikon.)

Petra und Joachim Skibbe

AYURVEDA

Die Kunst des Kochens – vollwertig & individuell.

ISBN 3-89566-139-2
285 Seiten, illustriert; 39,80

Lernen sie die einfachen Prinzipien der ayurvedischen Heilkunst kennen. Finden Sie heraus, zu welchem Konstitutionstyp Sie gehören und welche Ernährung Ihnen am besten bekommt. (Mit über 150 individuellen Rezepten.)

Petra und Joachim Skibbe

BACKEN NACH AYURVEDA

eifrei & vollwertig.

jeweils 189 Seiten, illustriert; 24,80

KUCHEN, TORTEN & GEBÄCK

ISBN 3-89566-126-0

BROT, BRÖTCHEN & PIKANTES

ISBN 3-89566-127-9